Naroa Telletxea Gastearena
Dra. en Derecho

LOS CRIPTOACTIVOS EN EL DERECHO DE OBLIGACIONES Y CONTRATOS

Granada, 2025

BIBLIOTECA COMARES DE CIENCIA JURÍDICA

.

Maquetación:
Natalia Arnedo Rodríguez

© Naroa Telletxea Gastearena

© Editorial Comares, 2025
Polígono Juncaril
C/ Baza, parcela 208
18220 Albolote (Granada)
Tlf.: 958 465 382

www.comares.com • E-mail: libreriacomares@comares.com
facebook.com/Comares • twitter.com/comareseditor • instagram.com/editorialcomares

ISBN: 978-84-1369-949-3 • Depósito legal: Gr. 618/2025

Impresión y encuadernación: COMARES

A Ana y Cris

SUMARIO

ABREVIATURAS

AMLD5	Directiva de Blanqueo de Capitales 5 (Anti-Money Laundering Directive 5)
AP	Audiencia Provincial
ART	Ficha referenciada a activos (Asset referenced token)
BCE	Banco Central Europeo
BdE	Banco de España
BGB	*Bürgerliches Gesetzbuch*
Bigtech	Gigantes tecnológicos (Big tech)
BOE	Boletín Oficial del Estado
BSA	Normativa de Secreto Bancario (Banck Secrecy Act)
BTC	Bitcoin
CBDC	Moneda Virtual del Banco Central (Central Bank Digital Currency)
CC	Código Civil
CCCat	Código Civil de Cataluña
CdC	Código de Comercio
CFTC	Comisión de Negociación de Futuros de Productos Básicos de Estados Unidos (Commodities Futures Trading Commission)
CNMV	Comisión Nacional de Mercado de Valores
CPMI	Committee on Payments and Market Infrastructures
CSDR	Reglamento sobre Depositarios Centrales de Valores
DeFI	Finanzas Descentralizadas (Decentralized finance)
DLTR	Reglamento sobre el régimen piloto de infraestructuras de mercado (Distributed Ledger Tecnology Pilot Regime)
DORA	Reglamento de Resiliencia Operativa Digital (Digital Operational Resilience Act)

DOUE	Diario Oficial de la Unión Europea
EBA	Autoridad Bancaria Europea (European Bank Authority)
ECON	Comisión del Parlamento Europeo de Asuntos Económicos y Monetarios (European Parliament's Committee on Economic and Monetary Affairs)
eIDAS	Reglamento de servicios de identificación electrónica, autenticación y confianza
EMiR	Reglamento de infraestructura del mercado europeo (European Market Infrastructure Regulation)
EMT	Ficha de dinero electrónico (Electronic money token)
ESMA	Autoridad Europea de Valores y Mercados (European Securities and Markets Authority)
ETH	Ethereum
FINMA	Autoridad supervisora del Mercado Financiero (Financial Market Supervisory Authority)
Fintech	Finanzas y tecnología (Finance & Technology)
GAFI	Grupo de Acción Financiera Internacional (Financial Action Task Force)
GSC	Monedas estables mundiales (Global stable coins)
ICO	Oferta inicial de Moneda (Initial Coin Offering)
IoT	Internet de las Cosas (Internet of Things)
KWG	*Kreditwesengesetz*
LCGC	Ley sobre condiciones generales de la contratación
LEC	Ley de Enjuiciamiento Civil
LH	Ley Hipotecaria
LMV	Ley Mercado de Valores
LPI	Ley de Propiedad Intelectual
LSC	Ley de Sociedad de Capitales
LSSI	Ley de los servicios de la sociedad de la información y comercio electrónico
LVPBM	Ley de Venta a Plazos de Bienes Muebles
MiCA	Reglamento sobre el Mercado de Criptoactivos
MiFID	Directiva sobre Mercados de Instrumentos Financieros (Markets in Financial Instruments Directive)
MiFID2	Directiva sobre Mercados de Instrumentos Financieros 2 (Markets in Financial Instruments Directive 2)
MiFIR	Reglamento relativo a los mercados de instrumentos financieros (Markets in financial instruments regulation)
NFT	Tokens No Fungibles (Non-Fungible Tokens)
OECD	Organización para la Economía, Cooperación y Desarrollo

PoW	Prueba de Trabajo (Proof of Work)
PSD	Directiva sobre los servicios de pago (Payment Services Directive)
PSD2	Directiva sobre los servicios de pago 2 (Payment Services Directive 2)
RFID	Identificación de radiofrecuencia (Radio Frecuency RH Reglamento Hipotecario
SAP	Sentencia de la Audiencia Provincial
SC	Monedas estables (Stable coins)
SEC	Comisión de Bolsa y Valores de Estados Unidos (United States Securities and Exchange Commission)
SMSG	Grupo de Partes Interesadas del sector de los Valores y Mercados (Securities and Markets Stakeholder Group)
STJUE	Sentencia del Tribunal Justicia de la Unión Europea
STS	Sentencia del Tribunal Supremo
TFUE	Tratado de Funcionamiento de la Unión Europea
TIC	Tecnología de la información y la comunicación
TRD	Tecnología de registro distribuido (Distributed Ledger Technology)
TRLGDCU	Texto Refundido de la Ley General para la Defensa de los consumidores y usuarios
TRLMV	Texto Refundido de la Ley Mercado de Valores
TRLMVSI	Texto Refundido de la Ley Mcomercado de Valores y Servicios de Inversión
TS	Tribunal Supremo
UNCITRAL	Comisión de las Naciones Unidas para el Derecho Mercantil Internacional (United Nations Commission On International Trade Law)
UNIDROIT	Instituto Internacional para la Unificación del Derecho Privado de Naciones Unidas (United Nations International Institute for the Unification of Private Law)
ZAG	Ley de Supervisión de Servicios de Pago alemana (*Zahlungsdiensterichtlinie*)

LOS CRIPTOACTIVOS Y LA IMPORTANCIA DE SU TAXONOMÍA

Un criptoactivo es *«una representación digital de un valor o de un derecho que puede transferirse y almacenarse electrónicamente, mediante la tecnología de registro distribuido o una tecnología similar»*[1].

Como se puede rápidamente inferir de la literalidad de la definición transcrita, el legislador ha optado por una noción amplia del concepto. Y, lo ha hecho para asegurarse de que la mayoría de los activos criptográficos encuentren su encaje en esta institución.

Así, aunque inicialmente los criptoactivos irrumpieron en el mercado como propuesta descentralizada del dinero *de curso legal*, no solamente será considerado como un criptoactivo el dinero privado programable, esto es, aquel activo que, aunque no sea dinero en un sentido jurídico porque no existe una norma que le dote de tal naturaleza de forma específica[2], pretenda ser un medio de pago en sentido económico[3].

---

[1]   Art. 3.1.5 Reglamento UE 2023/1113 del Parlamento Europeo y del Consejo, de 31 de mayo de 2023, relativo a la información que acompaña a las transferencias de fondos y de determinados criptoactivos y por el que se modifica la Directiva (UE) 2015/849. DOUE-L-2023-80807. Conocido como Reglamento MiCA.

[2]   KNAPP, F. G. (1905). *Staatliche Theorie des Geldes*, Leipzig. *vid.* Asimismo, DIEZ-PICAZO, L. (2008). *Fundamentos del Derecho Civil Patrimonial*, T. VI, vol. II, Relaciones Obligatorias, 6.ª ed., Civitas, Madrid, pp. 290 y 291.

[3]   Una exposición extensa sobre las funciones del dinero puede consultarse en MATEO HERNÁNDEZ, J. L. (2005). *Dinero electrónico en internet. Aspectos técnicos y jurídicos*, Comares,

Por el contrario, también serán criptoactivos otros activos que cumplan funciones distintas al dinero, como sucede con las fichas de inversión o *security tokens* -que son aquellos activos criptográficos que operan como un valor negociable-; con las fichas de consumo o las *utility tokens*[4], -que se caracterizan como aquellos que pretendan *únicamente* prestar un servicio concreto-; o, en fin, con las Non-Fungible Tokens o NFTs en sus siglas en inglés, que son aquellos activos cuya nota distintiva es que representan a otro activo del mundo real que resulte ser único y no fungible.

Por ende, delimitar la taxonomía de cada criptoactivo, devendrá esencial para conocer la naturaleza jurídica de cada activo, así como saber cuál es su *régimen jurídico* aplicable.

A la postre y, para lo que aquí nos interesa, lo anterior determinará la incidencia que tenga el criptoactivo en el ordenamiento jurídico privado y, en particular, será el *nudo gordiano* para delimitar las consecuencias jurídicas de cierta envergadura desde la perspectiva de derecho de obligaciones y derecho de los contratos. Piénsese, por ejemplo, en aquél supuesto en donde el momento de la perfección del contrato y su ejecución se encuentren diferidos en el tiempo y la obligación se torne imposible en el ínterin. Será determinante conocer la naturaleza del objeto de la prestación debida, pues las consecuencias jurídicas nada tienen que ver cuando la obligación contraída lo sea en forma específica, que, cuando, por el contrario, el objeto de la prestación debida se caracterice por su carácter genérico o fungible.

Lo anterior justifica el hecho de que debamos detenernos antes en la clasificación de los criptoactivos para, después, poder analizar las imbricaciones jurídicas desde una perspectiva del ordenamiento jurídico privado.

Precisamente por lo anterior, no es casualidad que en el derecho español y prácticamente en todos los ordenamientos del derecho comparado que hemos consultado, no exista una norma *ad hoc* que omnicomprensivamente regule a todos los criptoactivos, sino que, en función de su naturaleza jurídica, el régimen jurídico aplicable será uno u otro.

Granada, pp. 105 s. y Pastor Sempere, M.ª C. (2003). *Dinero electrónico*, Cuadernos mercantiles, Edersa, Madrid, p. 74 s., y todas las citas que en ellas se contienen.

[4]   Veremos a lo largo del presente estudio que las *utility tokens* realmente no son exactamente idénticas que las fichas de consumo, sino que son realmente sinónimo de fichas de servicio.

A día de hoy, existen dos grandes bloques de normativa *ad hoc* que regulan a los criptoactivos:

    a. El Reglamento MiCA, que pretende regular fundamentalmente aquellos criptoactivos que, en la práctica, operen como dinero privado programable, a los que denominaremos en el presente estudio como «*payment tokens*». Asimismo, el Reglamento MiCA se consagra como la normativa supletoria aplicable por defecto allí donde no exista una norma específica que regule los criptoactivos (art. 2.1). Por ende, debido a su bis atractiva, el Reglamento MiCA también será aplicable para aquellos criptoactvios aparentemente queden fuera de su ámbito de aplicación objetiva como sucede con las NFTs (art. 2.3).

    b. El Reglamento DLTR[5], cuyo objeto, como se ha avanzado, consiste en regular las denominadas *security tokens*, que son aquellos criptoactivos que operan como instrumentos financieros.

Ambas normas contienen exigencias concretas sobre la emisión y admisión a negociación de los criptoactivos. Sin embargo, en ninguno de los textos normativos existen referencias específicas sobre determinados aspectos relevantes en el ordenamiento privado como el relativo al momento en que se entienda transmitido un criptoactivo o, lo que es lo mismo, el lapso temporal en el que se tenga por cumplido el presupuesto del modo como requisito indispensable para adquirir la propiedad de un bien en nuestro sistema (art. 609 CC). Así, nos vemos obligados a acudir a la normativa básica y a otras normas *ad hoc* para poder resolver estas cuestiones.

Desde luego, la causa o *consideration*, se consagra como la pieza angular para aclarar esta cuestión y, ello, con independencia del tipo de tecnología utilizada para su representación, ya sea en papel, en formato digital o, en fin, en soporte criptográfico.

Se avanza en este momento que, uno de los criterios de clasificación que deberá tenerse especialmente en cuenta es aquél que distingue a los

---

[5]   Reglamento (UE) 2022/858 del Parlamento Europeo y del Consejo de 30 de mayo de 2022 sobre un régimen piloto de infraestructuras del mercado basadas en la tecnología de registro descentralizado y por el que se modifican los Reglamentos (UE) n.º 600/2014 y (UE) n.º 909/2014 y la Directiva 2014/65/UE. DOUE-L-2022-80826

criptoactivos representativos de aquellos otros que sean nativos. Ello es así por cuanto que los primeros no plantearán tantos problemas jurídicos en lo atinente a la naturaleza jurídica habida cuenta que no son más que una representación criptográfica de un activo subyacente, por lo que carece de sentido que la naturaleza jurídica de estos criptoactivos sea distinta al bien o servicio que éstos representen, pues lo único que cambia es el formato (mundo real o digital *versus* soporte criptográfico).

No sucederá lo mismo, empero, con los criptoactivos nativos, pues éstos nacen directamente de la red y no representan ningún activo subyacente[6]. Así pues, será esencial realizar esta diferenciación como trámite previo para conocer cuáles serán las consecuencias jurídicas aplicables desde una perspectiva del derecho de obligaciones y contratos.

Esta obra forma parte de mi tesis doctoral, la cual fue dirigida por la catedrática de Derecho Civil, Dña. Susana Navas Navarro y se obtuvo la máxima calificación. El tribunal evaluador estuvo compuesto por D. Santiago Robert Guillén, Dña. Vanessa Jiménez Serranía y Dña. Concepción Saiz García.

La metodología empleada en este estudio se estructura en varios bloques. En primer lugar, se analizará brevemente el funcionamiento de los criptoactivos y su taxonomía, considerando los distintos criterios existentes (Capítulo I). A continuación, se examinarán las consecuencias jurídicas aplicables a las operaciones relacionadas con los criptoactivos, abordando tanto la perspectiva del derecho de obligaciones (Capítulo II) como el ámbito general del derecho de contratos (Capítulo III) y el enfoque específico del derecho de consumo (Capítulo IV). Finalmente, la última parte del estudio estará dedicada a presentar las conclusiones derivadas del análisis realizado.

---

[6]   Ibañez Jiménez, J. (2021). «Emisión, representación y gestión de criptoactivos» en *Criptoactivos. Retos y desafíos normativos*, Moises Barrio, A. (Dir.), La Ley-Wolters Kluwer, Madrid, p. 5 (versión digital).

CAPÍTULO I

LOS CRIPTOACTIVOS: CONCEPTO, FUNCIONAMIENTO Y TAXONOMÍA

Como avanzamos, antes de entrar a analizar las consecuencias jurídicas de la transmisión de los criptoactivos en el ordenamiento jurídico privado, deviene imprescindible detenernos en su funcionamiento, así como su taxonomía. En cuanto al primero, porque entender cómo funcionan los criptoactivos permite comprender cuál es el debate en relación al momento en que se entiende cumplido el presupuesto del modo para que, a través de la entrega, se transmita la propiedad. Respecto al segundo, ya que no es posible determinar las consecuencias jurídicas en las operaciones relacionadas con los criptoactivos desde la perspectiva del derecho de obligaciones y contratos sin antes delimitar la naturaleza jurídica de cada criptoactivo en cuestión.

I. FUNCIONAMIENTO DE LOS CRIPTOACTIVOS. NOCIONES BÁSICAS: BLOCKCHAIN

Es *Blockchain* (o, más ampliamente, *DLT o TDR*), aquel libro digital, libro de contabilidad o base de datos en donde se deposita todo tipo de información en unos bloques interconectados entre sí a través de nodos y que se almacenan en una red de distribución[1] que permite realizar copias

---

[1]   PACHECO JIMÉNEZ, M.ª N. (2019). «De la tecnología blockchain a la economía del token», Revista de la Facultad de Derecho (PUCP), núm. 83, p. 63.

digitales de la información almacenada en distintas ubicaciones[2], mediante una tecnología que se denomina criptografía.

De acuerdo a la terminología MiCA (art. 3.1.1) el TDR se define por ser un «*tipo de tecnología que soporta el registro descentralizado de datos cifrados*».

Se trata pues de una tecnología inteligente y avanzada, sin precedentes[3], creada por Satoshi Nakamoto que tiene por objeto garantizar múltiples transacciones de forma *segura*, *irrevocable* [4] y *pública*, las cuales quedan registradas y representadas a través de un único bloque, de ahí su denominación «*cadena de bloques*». La característica más novedosa y la nota más distintiva de esta tecnología, es que viene a suprimir la *intermediación* [5], siendo ello posible a través de la tecnología *Peer to Peer* o de Nodo a Nodo [6], es decir, entre particulares y sin agentes ni entidades centralizadas que monitoricen las operaciones.

---

[2]   FINANCIAL STABILITY BOARD. (2018). «Crypto-asset markets, Potential channels for future financial stability implications. Glosario», octubre. Disponible en http://www.fsb.org/wp-content/uploads/P101018.pdf (fecha de consulta: enero de 2025).

[3]   En cuanto a los múltiples beneficios que acarrea esta tecnología, puede consultarse el informe elaborado por el Instituto de Ciencia del Gobierno de Reino Unido. (2016). «Distributed Ledger Technology: beyond blockchain»; pp. 4-83. Disponible en: https://assets.publishing.service.gov.uk/government/uploads/system/uploads/attachment_data/file/492972/gs-16-1-distributed-ledger-technology.pdf (fecha de consulta: enero de 2025), en el que se afirma que la tecnología blockchain permite a los gobiernos reducir el fraude y la, así como disminuya el coste de procedimientos basados en el soporte papel. Asimismo, se sostiene que esta tecnología podría redefinir la relación entre el gobierno y los ciudadanos en lo atinente a los datos de carácter personal, transparencia y confianza, concluyendo además que mismas posibilidades podría brindar para el sector privado. En la misma línea, TAPSCOTT, A. / TAPSCOTT, D. (2016). «Blockchain revolution: how the technology behind bitcoin is changing money, business, and the world», Penguin Random House, pp. 17-20 y 60-61.

[4]   BCE. (2012). *Virtual Currency Schemes*, p. 27.

[5]   Nakamoto, S. (2009). «Bitcoin: un sistema de dinero en efectivo electrónico peer-to-peer», p. 2. Disponible en: www.bitcoin.org (fecha de consulta: enero de 2025).

[6]   Un «*nodo*» en el espacio digital es la red informática más básica. En el contexto de las «*criptomonedas*», un «*nodo*» hace referencia a una computadora participando en el Blockchain. Una explicación de cómo funciona la tecnología Blockchain puede encontrarse en: Committee on Payments and Market Infrastructures (CPMI). (2017). «Distributed ledger technology in payment, clearing and settlement», CPMI, febrero, p. 2. Disponible en: https://www.bis.org/cpmi/publ/d157.pdf (fecha de consulta: enero de 2025).

En particular, el aspecto fundamental de esta tecnología es que prácticamente deviene imposible alterar o modificar el contenido de aquello que se represente en la red de distribución, siendo éste precisamente el elemento que permite que esta tecnología funcione correctamente sin la intervención de ningún tercero de confianza, extremo que sí resulta necesario para que operen correctamente las redes de distribución tradicionales que se definen por ser *horizontalmente escalables* 7 como lo son MySQL Cluster, Mongo-DB y Apache HBase.

En efecto, clásicamente, el riesgo de que un titular de un activo digital transmitiera más de una vez el mismo activo mediante la red informática se solventaba instituyendo a una tercera parte 8, centralizada, especializada y de confianza, quien se encargaría, como intermediario, de verificar la buena marcha de la operación. Dicha tercera parte, habitualmente, consistía en una entidad de crédito, una cámara de compensación o incluso Paypal 9, mas esa tercera parte podría ser manipulada o *hackeada* y la información digital depositada en la red podría ser extraviada. Por ese mismo motivo, nace la tecnología Blockchain, un sistema completamente nuevo 10 que prescinde de la intermediación generando un sistema de depósito digital de información absolutamente irrevocable e inmodificable, en el sentido de que una vez que se deposite un activo digital en la red es imposible alterar su contenido, *hackearlo* o transmitirlo más de una única vez y en donde todos los participantes estarán legitimados para verificar la autenticidad de las transacciones, pues

---

7   GARZIK, J. / BITFURI GROUP. (2015). «Public vs. Private Blockchain, White paper (version 1.0.)», octubre, p. 2. Disponible en: https://bitfury.com/content/downloads/public-vs-private-pt1-1.pdf (fecha de consulta: enero de 2025).

8   TREVOR, I. K. (2015). «Beyond Bitcoin: Issues in Regulating Blockchain Transactions», Duke Law Journal, vol. 65, núm. 3, p. 577. Disponible en: https://scholarship.law.duke.edu/cgi/viewcontent.cgi?article=3827&context=dlj (fecha de consulta: enero de 2025).

9   Respecto a la evolución de los sujetos intermediarios puede consultarse el informe por la Organización para la Economía, Cooperación y Desarrollo (OECD). (2011). «The role of Internet Intermediaries in Advancing Public Policy Objetives». Disponible en: https://www.oecd-ilibrary.org/science-and-technology/the-role-of-internet-intermediaries-in-advancing-public-policy-objectives_9789264115644-en (fecha de consulta: enero de 2025).

10   ANDREESEN, M. (2014). «Why Bitcoin Matters», N.Y. TIMES: DEALBOOK, enero. Disponible en: https://dealbook.nytimes.com/2014/01/21/why-bitcoin-matters/ (fecha de consulta: enero de 2025).

esta tecnología permite garantizar la publicidad de las operaciones sin alterar el anonimato y la privacidad de los datos.

En concreto, aplicando la nota de la irrevocabilidad al ámbito específico de las «criptomonedas», ello implica que, una vez efectuada una transacción, es imposible anularla, siendo que, en tal caso, la única alternativa sería devolver la moneda virtual recibida al emisor mediante una nueva operación 11.

Tal y como refiere su propio creador, esta tecnología se creó inicialmente para posibilitar el funcionamiento de la primera «criptomonedas»: el Bitcoin (BTC) 12, mas en la actualidad son múltiples los usos y destinos que a esta tecnología se le otorgan más allá del BTC en cuestión, incluso existen variantes, no exentos de crítica 13, de esta tecnología que suprimen las dos notas características que le son propias: la descentralización y la publicidad.

Así, dentro de la tecnología Blockchain, nos encontramos con tres categorías distintas 14: (i) la tecnología Blockchain sin permiso o pública (*permitionless*) que se caracteriza por ser aquélla en donde no hay restricciones de acceso ni se exige una previa verificación, de tal forma que cualquier interesado puede, sin más, identificar las transacciones, leer su contenido, realizar operaciones, y, en fin, participar en el llamado proceso de consenso 15. En fin, es pública aquélla Blockchain en donde cualquier puede descargar una

---

    11   PACHECO JIMÉNEZ, M.ª N. (2015). «Bitcoin: su comportamiento como medio de pago alternativo a los medios legales de pago», Revista CESCO, diciembre, p. 2.

    12   NAKAMOTO, S., «Bitcoin: un sistema», p. 1.

    13   ARRUÑADA, B. (2018). «Blockchain's Struggle to Deliver Impersonal Exchange», Minnesota Journal of Law, Science & Technology, vol. 19, núm. 1, p. 86. Disponible en: https://scholarship.law.umn.edu/cgi/viewcontent.cgi?article=1438&context=mjlst. (fecha de consulta: enero de 2025). Asimismo, GONZÁLEZ-MENESES, M. (2017). *Entender Blockchain, Una introducción a la tecnología de registro distribuido*, Aranzadi, Cizur Menor, p. 37.

    14   Una distinción de las distintas tecnologías puede consultarse en IBÁÑEZ JIMÉNEZ, J. (2018). *Derecho de blockchain y de la tecnología de registros distribuido*, 1.ª ed., Cizur Menor, Aranzadi, pp. 53 y 54.

    15   CROSBY, M. / NACHIAPPAN / PATTANAYAK, P. / VERMA, S. / KALYANARAMAN, V. (2016). «Blockchain technology: Beyond Bitcoin», *Applied innovation review*, núm. 2., junio, p. 8. Disponible en: http://scet.berkeley.edu/wp-content/uploads/AIR-2016-Blockchain.pdf (fecha de consulta: enero de 2025). El proceso de consenso es aquél en donde cualquier persona puede verificar cualquier operación realizada en el pasado, presente o futuro, sin que tal hecho comprometa el anonimato, la privacidad y la confidencialidad de los activos digitales representados y las partes involucradas.

copia de las operaciones 16. Ejemplo de ello, sería la tecnología descentralizada que se utiliza para el Bitcoin 17; (ii) la tecnología Blockchain permisionada o privada (*permitioned*), de uso restringido, y centralizada, en donde únicamente se podrá acceder con una previa verificación y que generalmente se emplea para auditoría y gestión interna 18 y se caracterizan por ser más rápidas a la hora de transferir la información; y (iii) la tecnología Blockchain *híbrida o público-privada, en donde las transacciones son públicas pero los nodos que vinculan los bloques son privados o «invitados». Naturalmente, como decíamos, las dos últimas categorías eliminan tanto la nota de la descentralización como la de la publicidad; por lo que en contra del verdadero espíritu y razón de ser de la tecnología* Blockchain, sí requieren de la intermediación.

No en vano, precisamente porque existe una tendencia a restringir el acceso a esta tecnología novedosa y a limitar los sujetos legitimados para controlar la misma, algunos 19 vienen distinguiendo tres tipos de

---

[16]   KAPLANOV, N. M. (2012). «Nerdy Money: Bitcoin, the Private Digital Currency, and the Case Against its Regulation», Loyola Consumer Law Review, vol. 25, Issue 1, p. 119. Disponible en: https://lawecommons.luc.edu/cgi/viewcontent.cgi?article=1920&context=lclr (fecha de consulta: enero de 2025).

[17]   ARRUÑADA, B., «Blockchain's Struggle», p. 86. Ejemplos, más allá del BTC, serían BigchainDB (https://www.bigchaindb.com) y Evernym (https://www.evernym.com). No obstante, existen criptoactivos más allá del BTC que utilizan variantes de la tecnología Blockchain como Everledger (https://www.everledger.lo) o Etherlsc (https://etherlsc.com). Asimismo, otro ejemplo es la cadena de bloques pública y en código abierto que utiliza el criptoactivo Ethereum o Ether (ETH), cuyo creador es Vitalik Buterin (https://www.ethereum.org/). La nota más característica y diferenciadora de esta tecnología es que permite ejecutar Smart Contracts o contratos inteligentes y complejos a través de su plataforma «Ethereum Virtual Machine», siendo ello posible a través de un programa informático mejorado que el que se utiliza para el BTC denominado «Turing completo». Este tipo de DLT o cadena de bloques realmente no son completamente públicas como lo es el original de su propio creador, por lo que desvirtuaría el objetivo inicial que pretendía alcanzar Satoshi Nakamoto: la descentralización y la publicidad, en tanto que los derechos de acceso a los datos están restringidos y requieren de un órgano supervisor.

[18]   LEONARD, T. (2017). «White paper, Blockchain for Transportation», p. 3. Disponible en: http://logisticsandfintech.com/wp-content/uploads/2017/11/TMW-Whitepaper-Blockchain-for-transportation-LaF-Nov-2017.pdf (fecha de consulta: enero de 2025). En el mismo sentido, GARZIK, J. / BITFURI GROUP, *Public vs. Private*, pp. 10 y 11.

[19]   BUTTERIN, V. (2017). «The meaning of decentralization», febrero. Disponible en: https://medium.com/@VitalikButerin/the-meaning-of-decentralization-a0c92b76a274 (fecha de consulta: enero de 2025).

descentralización: (i) la *arquitectónica* o de *estructura* (los nodos que permiten autenticar las operaciones); (ii) la *política* (los sujetos o entidades que en la práctica controlan las operaciones) y (iii) la *lógica* (que diferencia las estructuras monolíticas, que son aquéllas en las que no se puede extraer un fragmento del *software* y conectarla a otra cosa 20 de las multiformes, que sí permiten esta operación).

Lo cierto es, por tanto, que la tecnología Blockchain en sí misma considerada no es controvertida 21, sino que son susceptibles de debate los usos que a ella se le dan, muestra de lo anterior resulta el hecho de que esta tecnología se utilice ya no sólo para otro tipo de *«criptomonedas»* distintas al Bitcoin, sino para realizar un sinfín de operaciones: entre otros muchos pueden citarse -fruto del proceso de *tokenización* en donde cualquier activo puede tener su representación digital en la red de distribución informática 22- acciones como la propia de depositar estatutos de una sociedad, *royalties* que se han de abonar en la industria musical, *tokens* que emulen obras de arte o incluso bienes inmuebles 23. Por ese mismo motivo, se dice que la

[20]   Una explicación sencilla de qué se entiende por estructuras monolíticas puede encontrarse en: «Guía sobre tendermint». Disponible en: https://academy.binance.com/es/articles/tendermint-explained (fecha de consulta: enero de 2025).

[21]   LEGERÉN-MOLINA, A. (2019). «Retos jurídicos que plantea la tecnología de la cadena de bloques. Aspectos legales de blockchain», Revista de Derecho Civil, vol. 6, núm. 1, enero-marzo, p. 179.

[22]   Un resumen sobre el debate y los problemas jurídicos que pueden derivarse sobre los usos de la tecnología Blockchain puede encontrarse en ARRUÑADA, B., «Blockchain's Struggle» p. 86. Dicho autor viene a subrayar, uno de los múltiples problemas que puede derivarse del hecho de que cualquier activo pueda transmitirse a través de la tecnología Blockchain pues, en todo caso, dicha transmisión ha de surtir efectos *inter partes* (art. 1091 CC) como fuente de obligaciones que es el contrato (art. 1089 CC), pero otros derechos inherentes al activo transmitido, como por ejemplo los derechos de propiedad intelectual, pertenecen a la soberanía del Estado, por lo que lógicamente el titular de tales derechos será aquél que según la norma aplicable deba serlo, lo que hace que surja la necesidad de que exista una tercera parte que fiscalice la buena marcha de este tipo de operaciones pues puede ocurrir que el titular de un activo no sea el propietario de alguno de los derechos que se deriven de él.

[23]   Sobre los diferentes usos de la tecnología Blockchain puede consultarse a CASINO, F. / DASAKLIS, T.K. / PATSAKIS, C. (2019). «A systematic literature review of blockchain-based applications: current status, classification and open issues», Telemat. Informatics., núm. 36, pp. 55-81. Disponible en: 10.1016/j.tele.2018.11.006 (fecha de consulta: enero de 2025). Sobre la aplicación de la tecnología Blockchain: SCHÄR, F. (2020). «Decentralized Finance: On

tecnología Blockachain es toda una revolución, pues lo que se transfiere en ocasiones no es meramente información, sino que se transmite el valor de las cosas o activos pertenecientes al mundo físico y representados en el espacio digital, por lo que ya no estamos en el clásico *Internet de la Información*, sino en el *Internet de Valor* 24.

Esta tecnología *ad hoc* funciona de la siguiente manera: cada transacción que se realice queda representada en un bloque y estará identificada por un número aleatorio único o *«nonce»*. Cada bloque va a registrar operaciones que se consideran efectuadas al mismo tiempo 25 y va a tener una vigencia máxima de 10 minutos 26. Ello quiere decir, por tanto, que cada bloque quedará *«sellado»* o *«inalterable»* en el tiempo para garantizar la seguridad de las transacciones de tal forma que, una vez verificada la operación, ésta se mantiene irrevocable.

Por su parte, y, una vez que dicho bloque quede *«sellado»*, el bloque en cuestión, o grupo de transacciones, se replicará en otro bloque, al que se le

---

Blockchain- and Smart Contract-based Financial Markets», marzo, pp. 1-24. Disponible en: http://dx.doi.org/10.2139/ssrn.3571335 (fecha de consulta: enero de 2025). También puede consultarse a: LARREINA, M. / GÓMEZ, A. / PERTUSA SANTOS, A. (2017). «El «Blockchain» y los nuevos sistemas digitales de pago [vídeo]». Manager Focus, Conversaciones. Recuperado de: https://www.managerfocus.com/webinar/el-blockchain-y-los-nuevos-sistemas-digitales-de-pago/, *apud.*, PACHECO JIMÉNEZ, M.ª N., «De la tecnología», p. 62. Asimismo: BECK, R. / MÜLLER-BLOCH, C. (2017). «Blockchain as Radical Innovation: A Framework for Engaging with Distributed Ledgers as Incumbent Organization», Proceedings of the 50th Hawaii International Conference on System Sciences, pp. 5390-5399. Disponible en: https://scholarspace.manoa.hawaii.edu/bitstream/10125/41815/paper0666.pdf (fecha de consulta: enero de 2025).

[24] PREUKSCHAT. A. (Coord.). (2017). *Blockchain: la revolución industrial de Internet*, Gestión 2000, Madrid pp. 8 y 9. En el mismo sentido, PASTOR SEMPERE, M.ª C. (2017). «Criptodivisas: ¿una disrupción jurídica en la eurozona?», Revista de Estudios Europeos, núm. 70, julio-diciembre, p. 287. Disponible en: http://www.ree-uva.es/ (fecha de consulta: enero de 2025).

[25] CROSBY, M. / NACHIAPPAN / PATTANAYAK, P. / VERMA, S. / KALYANARAMAN, V. «Blockchain technology», p. 10.

[26] *Ibidem*, p. 12. Por su parte, para que un bloque quede sellado en el tiempo, se le han de añadir una serie de ceros por delante. El número de dígitos que deberán sumarse dependerá de qué tan rápido se ha cerrado la operación. *vid.*, al respecto, NAKAMOTO, S., «Bitcoin: un sistema», p. 3.

dará otro «*nonce*» distinto y que contendrá la información referente al anterior bloque, así como la información referente a la nueva operación. Así, sucesivamente, se irán creando bloques siendo que todos ellos finalmente quedarán unidos, interconectados y vinculados unos con otros mediante apuntadores, algoritmos de resumen o *hash* 27 en la red informática siendo ello posible a través de una cadena pública que utiliza la criptografía y a la que tendrá acceso cualquier interesado; constituyendo así el denominado *Blockchain*, o sea, una cadena de bloques.

Por tanto, una vez verificadas y autenticadas las operaciones, el grupo de transacciones que se han realizado en el mismo periodo de tiempo, quedan agrupados en pares mediante una estructura computacional que se denomina «*estructura hash*» o «*Merkle Tree*» y que genera un algoritmo de resumen, apuntador o «*hash*» único 28.

---

27   Una huella digital o un *hash* es la representación digital de un conjunto de datos o bits que se depositan en la red informática y tiene por objeto suprimir la fuga o la modificación de la información. Para ello, se emplea un sistema hexadecimal, es decir, se enumera normalmente de 0 a 9 y de la A a la F, y es unidireccional: cada grupo de datos o bits da lugar a un *hash* único, de tal forma que, si existe cualquier modificación *ex post* de dicha información, aunque sea en un único bit, ello dará lugar a la creación de otro hash completamente distinto. *vid.*, al respecto, «Glosario Blockchain». Disponible en: https://blockchainespana.com/glosario/ (fecha de consulta: enero de 2025).

28   Pacheco Jiménez, M.ª N., «De la tecnología», pp. 63 y 64. Brevemente, el funcionamiento de esta estructura de verificación de datos masivos puede resumirse en lo que sigue: cada nodo que contenga una transacción y que esté identificado mediante un hash único se denomina «*child node*» u «hojas» (*leaves*). Por su parte, dichos nodos quedarán agrupados en otros más grandes que incorporarán una serie de transacciones realizadas al mismo tiempo llamados «*parent nodes*», los cuales tendrán un hash único que será el resultado de aplicar los correspondientes algoritmos a los «*child nodes*». Esta estructura se repetirá sucesivamente hasta generar un grupo más grande que se denominará «*Merkle root*» «*hash root*» o «raíz de *Merkle*». Éste será pues la base de todo el conjunto de operaciones y éste va a ser el elemento que identificará todas las transacciones agrupadas en pares. Esta estructura piramidal permite agrupar un sinfín de datos y brinda una visión global y única de todas las operaciones, pues se parte de la operación más elemental hasta la más compleja, de modo que los *hash*, que se encuentren por encima del resto, serán el resultado de sumar la información contenida en el nuevo bloque junto con el hash del bloque anterior. Una explicación sencilla sobre el funcionamiento del llamado «Merkle Tree» puede consultarse en: Academy Binance (2020). «Merkle Trees and Merkle Roots Explained». Disponible: https://academy.binance.com/en/articles/merkle-trees-and-merkle-roots-explained (fecha de consulta: enero de 2025).

Igualmente, dichos bloques que finalmente constituirán una cadena se encontrarán cronológicamente ordenados mediante un sistema –que sustituye al clásico intermediario de confianza- que precisamente identifica qué bloque debe ser anterior del siguiente denominado Prueba de Trabajo o *Proof of Work* 29. Este sistema o protocolo, basado en el consenso, verifica la autenticidad de la información contenida en cada bloque mediante una compleja fórmula matemática que está diseñada específicamente para que los nodos participantes encargados de confirmar que la operación se realizó correctamente, denominados *mineros (miners)* 30, puedan ordenar cronológicamente cada bloque y así evitar que un mismo activo sea modificado o transferido más de una única vez.

---

[29] El denominado *«Proof of Work»* no es el único sistema verificación, sino que hay otros protocolos de consenso como lo son el *Proof of Stake (PoS)*, el *Proof of Burn (PoB)* o el *Proof of Authority (PoA)*. Todos ellos son protocolos de conseso creados con posterioridad para optimizar y mejorar las deficiencias que presenta el tradicional sistema de «prueba de trabajo». En particular, por ejemplo, PoS se creó fundamentalmente para (i) agilizar el proceso de verificación de la autenticidad de la información y su transmisión; (ii) minimizar el consumo masivo de energía del tradicional minaje; (iii) aumentar la descentralización, pues es habitual que en la práctica tan sólo un pequeño grupo de mineros o los llamados «Mining Pools» finalmente acaben siendo los que controlen y fiscalicen las operaciones; (iv) evitar la fuga de la información, ya que en el tradicional sistema PoW bastaría que un grupo fuese titular del 51% de la fuerza computacional necesaria para que funcionara correctamente el sistema para que las operaciones se frustraran, en el PoS, no obstante, dicho supuesto sólo ocurriría si un grupo o individuo fuese propietario del 51% de las *«criptomonedas»*. Una información detallada de las novedades de este sistema puede consultarse en el propio artículo de sus creadores: KING, S. / NADAL, S. (2012). «PPCoin: Peer-to-Peer Crypto-Currency with Proof-of-Stake», agosto. Disponible en: https://decred.org/research/king2012.pdf (fecha de consulta: enero de 2025).

[30] El nombre minero proviene del hecho de que, como los mineros del oro que incrementan la cantidad de oro existente, en la red distribuida son estos intervinientes quienes se encargan de emitir nuevos criptoactivos en un ritmo algorítmicamente controlado. *vid..,* al respecto SHERIDAN, B. (2011). *Bitcoins: Currency of the Geeks*, Bloomberg Businessweek, junio. Disponible en: https://www.bloomberg.com/news/articles/2011-06-16/bitcoins-currency-of-the-geeks. (fecha de consulta: enero de 2025) y NAKAMOTO, S., «Bitcoin: un sistema», nota 31. Los mineros no son sino *«nodos que validan transacciones y crean bloques con el objetivo de conseguir un premio en las «criptomonedas» de esa blockchain»*, según «Glosario Blockchain».

Este proceso de verificación y transmisión de la información o minaje (*mining*) es sencillo, y consiste en que cada nodo identifique el *«nonce»* 31 o el número arbitrario que se le da a cada bloque y se convierta en una secuencia alfanumérica o *hash* único: como cada *hash* es unidireccional y corresponde a un único archivo al que previamente se le ha aplicado un algoritmo 32, si aplicando la fórmula matemática la secuencia obtenida no coincide con el *hash* inicial 33, en tal caso el nuevo bloque no quedará unido con los demás en una cadena, sino que quedará aparte y fuera de la misma 34, por lo que resulta sencillo a través de este sistema identificar, en caso de haberlo, dónde se produjo el extravío. Por el contrario, resulta una tarea casi imposible *hackear* una cadena de bloques, pues quien pretende modificar la información registrada no sólo deberá incorporar un nuevo bloque mediante un *hash* que contiene múltiples dígitos, sino que tendrá que generar el resto de los bloques unidos a la cadena mediante nodos que contienen un sinfín de *bits* 35. A mayor abundamiento, falsear la información es aún más compleja teniendo en cuenta que la cadena más larga es la única que será válida en la red de distribución.

Como se ha dicho anteriormente, la tecnología Blockchain se caracteriza por el anonimato y la publicidad, y ello es posible a través de una doble clave que opera como una auténtica firma cualificada y asimétrica (*doble infraestructure system*) que se utiliza para *hashear* o perfeccionar las operaciones: (i) una pública y (ii) otra privada, en donde cada una de esas claves tendrá una función diversa. En particular, la clave pública, que será conocida por todos los interesados y que será una secuencia alfanumérica de entre 28 a 35 caracteres, es la que permitirá recibir el activo digital y desencriptar o

---

[31]   El término *«nonce»* es la abreviatura de *«number used only once»* que significa que el número tan sólo se puede utilizar una única vez.

[32]   Legerén Molina, A., «Retos jurídicos», pp. 185 y 186. Debe tenerse en cuenta que el *hash*, al ser unidireccional, permite identificar exactamente si la información transmitida es auténtica y que no ha sido alterada, pero al mismo tiempo, no permite a partir del hash extraer la información depositada por lo que, aun conociendo el *hash*, no sería posible obtener la información encriptada.

[33]   *Ibidem.*

[34]   Trevor, I. K., «Beyond Bitcoin», p. 577 s.

[35]   Crosby, M. / Nachiappan / Pattanayak, P. / Verma, S. / Kalyanaraman, V. «Blockchain technology», pp. 11-13.

descifrar la información que quedó encriptada o privatizada por la clave privada, siendo que esta última es la que permite firmar las operaciones. Por ese mismo motivo, se ha aludido anteriormente que, además de la descentralización, la Blockchain garantiza la publicidad sin alterar la privacidad de la información registrada.

En efecto, un dato conceptual muy relevante que se ha de tener en cuenta es que toda la información que se almacene en un monedero electrónico no se transmite al receptor cuando se realiza una transacción, pues éste se mantiene privado para el emisor. Así, lo que se transmite es la información de la transacción en sí a través de los nodos 36.

La interconexión entre ambas claves se realiza de la siguiente manera 37, a saber: si a través de la clave pública del receptor se desencripta la información encriptada del emisor, en tal caso la operación quedará verificada y se añadirá al bloque junto con el resto 38. Si por el contrario a través de la clave pública no resulta posible identificar y descifrar la información encriptada, en tal caso la operación será fallida y caerá fuera de la cadena de bloques[39].

Por tanto, el objetivo consiste precisamente en preservar la integridad de las transacciones, evitar la fuga de informaciones y, en fin, fundamentalmente suprimir la posibilidad de la retroventa, es decir, que un mismo titular pueda vender más de una vez el mismo criptoactivos.

---

[36]   *Blockchain: Legal*, p. 30.

[37]   El funcionamiento exacto del proceso de «*hashing*» o transmisión de la información puede consultarse en GONZÁLEZ-MENESES, M. (2017). *Entender blockchain. Una introducción a la tecnología de registro distribuido*, Thomson Reuters Aranzadi, Cizur Menor, p.74 s. En concreto, brevemente debe señalarse que, en el campo particular de las «*criptomonedas*», el proceso de transmisión opera de la siguiente forma: se parte del hash del beneficiario que ahora será el transmitente, dicho hash, como se ha dicho anteriormente, se encriptará y se desencriptará mediante la correspondiente doble firma electrónica (la privada y la pública). A su vez, se calculará un nuevo hash con un *nonce* nuevo que contendrá la información de la anterior operación y la nueva dirección de la «criptomonedas», así como la certeza de que la persona beneficiara contiene saldo suficiente para realizar la operación en cuestión. Dicho nuevo *hash*, se añadirá al encabezamiento del bloque si se desencripta correctamente mediante las claves del beneficiario. Ello quiere decir, por tanto, que el hash nuevo ha de coincidir con la dirección del anterior beneficiario y ahora transmitente.

[38]   *Blockchain: Legal*, p. 30.

[39]   *Ibidem*, p. 67.

Así debe concluirse que este sistema en la práctica reduce significativamente los riesgos de extravío tan tradicionales que existen en la red informática y cambia radicalmente los mecanismos de control y verificación que existían hasta ahora para garantizar la seguridad de las transacciones, pues bajo este nuevo sistema ya no va a ser una entidad intermediadora quien va a verificar si la transacción realizada es correcta, sino que será el propio usuario quien podrá directamente comprobar si quien transfiere el criptoactivo en cuestión no la ha transferido ya anteriormente a otro interviniente, pues todas las transacciones, a través de la cadena de bloques, serán públicas para todos los usuarios. Y ello, por cuanto los nodos permitirán registrar en el sistema el momento exacto en el que se transfiere cada criptoactivo, por lo que este dato es el que servirá para evitar que *a posteriori* el mismo titular pretenda transferir el criptoactivo a otro usuario.

Con todo, pues, la tecnología Blockchain se caracteriza por ser 40: (i) *pública*, pues todos los interesados tienen acceso mediante la clave pública de verificar la realidad de las operaciones aunque éstas estén encriptadas por la clave privada para preservar el anonimato y la privacidad; (ii) de *confianza*, ya que el sistema está diseñado para que sea una tarea casi imposible modificar o falsear unilateralmente el contenido de los bloques y, por tanto, resulta impracticable alterar las operaciones y (iii) *descentralizada* o *desintermediada*, pues no requiere de un tercero para que fiscalice las operaciones, sino que son los propios nodos los que automáticamente hacen esta labor.

II. TAXONOMÍA

Como ya se ha señalado, los criptoactivos o *cryptoassets* son el conjunto de activos digitales que representan bienes o servicios que requieren de una tecnología específica (criptografía) para funcionar y que se transmiten en la comunidad virtual a través de una red distribuida (DLT, en donde se incorpora como categoría específica la Blockchain).

---

[40]   FAIRFIELD, J.A.T. (2017). «Smart Contracts, Bitcoin Bots, and Consumer Protection», Washington and Lee Law Review Online, vol. 17, Issue 2, pp. 36 y 37. Disponible en: https://scholarlycommons.law.wlu.edu/cgi/viewcontent.cgi?article=1003&context=wlulr-online (fecha de consulta: enero de 2025).

Es de observar que la noción del criptoactivo es muy amplia[41], pues se define como aquella *«representación digital de valor o derechos que puede transferirse y almacenarse electrónicamente, mediante la tecnología de registro descentralizado o una tecnología similar»*[42] (art. 3 MICA).

En efecto, en esta noción se integrarían no sólo aquellos activos digitales que tenga una finalidad de inversión, o busquen ser dinero privado programable[43], sino también aquellos otros que tengan otras funciones[44].

Así, partiendo de esta definición de los criptoactivos o *cryptoassets*, debemos indicar que existen dos grandes grupos:

Cryptotokens, tokens, fichas o *appcoins*: un token es una *«unidad de valor que una organización [o entidad privada] crea para gobernar su modelo de negocio y dar más poder a sus usuarios para interactuar con sus productos o servicios»*[45]. Es decir, es una representación digital de valor de cualquier bien o servicio perteneciente a la economía real, entre otros muchos desde intangibles como

---

[41]   Así se pronunció claramente el legislador europeo en el Considerando 8 de la Propuesta de Reglamento del Parlamento Europeo y del Consejo relativo a los Mercados de Criptoactivos y por el que se modifica la Directiva (UE) 2019/1937 (DO L 150 de 9.6.2023). (En lo sucesivo, Propuesta MICA) al señalar que: *los «criptoactivos» y la «tecnología de registro descentralizado» deben definirse de la manera más amplia posible, a fin de abarcar todos los tipos de criptoactivos que actualmente quedan fuera del ámbito de aplicación de la legislación de la Unión en materia de servicios financieros».*

[42]   Esta definición sustancialmente coincide con la que otorga el en su Expositivo VIII – 2 en donde señala que son criptoactivos aquellas *«representaciones digitales de valor o derechos que pueden transferirse y almacenarse electrónicamente, mediante la tecnología de registros distribuidos u otra similar».*

[43]   GAFI «International Standards on Combating Money Laundering and the Financing of Terrorism & Proliferation» (2012). París, Francia, p. 116. Disponible en: www. fatf- gafi.org/recommendations.html (fecha de consulta: enero de 2025). Dicho artículo define a los criptoactivos de una forma muy similar al considerarlas como *«una representación digital de valor que puede comercializarse o transferirse digitalmente y ser utilizado para finalidades de pago o de inversión».*

[44]   Ello se ve claramente referenciado en la Recomendación realizada por la European Securities and Markets Authority (ESMA). (2019). «Advice. Initial Coin Offerings and cryptoassets», enero, p. 18 s. que a su vez reproduce a Financial Stability Board, «Crypto-asset markets» cuando alude que en la noción de criptoactivos se incorporan tanto monedas virtuales como tokens digitales ofertados a través de los ICOs.

[45]   MOUGAYAR, W. (2016). *The Business Blockchain: Promise, Practice, and Application of the Next Internet Technology*, Nueva Jersey, Wiley, p. 24.

acciones, divisas y emisión de deuda a votos hasta obras de arte o bienes inmuebles 46.

Cryptocommodities o *criptocomoditis*: podríamos entender las criptoco-moditis en una doble acepción, a saber: (i) la primera es aquella que hace referencia a los activos que permiten acceso digital a una aplicación o a un servicio 47. Un ejemplo ilustrativo de esta primera acepción sería que son criptomoditis aquellos activos que representen la fuerza computacional, la rapidez o el número de generadores que se necesitan para minar o crear las monedas virtuales. También se integrarían en esta categoría aquellos acti-vos que se refieran a la capacidad computacional de almacenaje para crear «criptomonedas» o incluso la Blockchain de *Ethereum* que tiene la capacidad para crear bloques a través de criptografía y ejecutar Smart contracts; (ii) la segunda acepción consiste en hacer referencia a aquellos activos digita-les que van ligados a una mercancía (*commodity* en inglés) perteneciente a la economía real como lo podrían ser el oro, la plata o el platino; incluso, pueden ir vinculados a materias primas como pueden ser el azúcar, el pe-tróleo, el gas o el carbón. Normalmente es a esta segunda acepción a la que se hace referencia cuando se hace referencia a las criptocomoditis, quizás porque ya desde un inicio en 2014 la Comisión estadounidense *Commodity Futures Trading Commission* (CFTC) 48 consideró el Bitcoin y los demás

---

[46]   MOUGAYAR, W. (2017). «Tokenomics – A Business Guide to Token Usage, Uti-lity and Value», junio, Startup Management. Disponible en: http://startupmanagement. org/2017/06/10/tokenomics-a-business-guide-to-token-usage-utility-and-value/ (fecha de consulta: enero de 2025).

[47]   MUÑOZ PÉREZ, A. F. (Dir.) / DE LA ORDEN DE LA CRUZ, C. / MARTÍNEZ LA-BURTA, C. (Coord.). (2019). *Revolución Digital, Derecho Mercantil y Token economía*, Tecnos, Madrid, p. 362.

[48]   En efecto, la CFTC alude al Bitcoin (y extensible al resto de «criptomonedas» como «*una moneda virtual, es una mercancía diferente a cualquiera que la Comisión haya tra-tado en el pasado*». vid., CFTC. (2017). «CFTC Statement on Self-Certification of Bitcoin Products by CME, CFE and Cantor Exchange» diciembre, Washington D.C. Disponible en: https://www.cftc.gov/PressRoom/PressReleases/7654-17 (fecha de consulta: enero de 2025). *vid.*, en el mismo sentido múltiples asuntos como: CFTC v. McDonnell, *et al.*, 287 F. Supp. 3d 213, 228 (E.D.N.Y. Mar. 6, 2018); CFTC v. McDonnell, *et al.*, No. 18-cv-461, ECF No. 172 (E.D.N.Y. Aug. 23, 2018). Más recientemente, en octubre de 2020, en el asunto CFTC v. HDR Global Trading Limited (No. 20-cv-8132, ECF 1, ¶ 23) la CFTC vino a entender que de conformidad con lo dispuesto en la Sección 1.ª (9) del Acto núm. 7 de USC

criptoactivos como *commodities*. No obstante, esto no sucede en absoluto en la regulación europea que en ningún caso otorga tal consideración a las *«criptomonedas»*[49.]

Realmente, aunque como veremos seguidamente existen un sinfín de criterios de clasificación, parece que la doctrina[50] se inclina únicamente por tener en consideración a dos parámetros de distinción, a saber: (i) el criterio de la funcionalidad y (ii) el criterio de la forma de su creación.

Ello obstante, creemos que a los anteriores dos criterios se le ha de sumar un tercero: el criterio legal[51], en donde distinguimos a los siguientes:

Asset referenced tokens, tokens referenciados o *respaldados* o *ficha referenciada a activos*: se trata de *tokens* cuyo valor de referencia subyacente es un activo estable, ya sea el valor de varias monedas *de curso legal*, materias primas o su combinación[52]. Por tanto, este tipo de *token* únicamente existirá allí donde el

---

párrafo 1 (9), los criptoactivos como bitcoin, ether y litecoin son «commodities». Un resumen sencillo de la postura de la CFTC puede consultarse en Scheibe, A. / Evans, J. (2021). «A Flurry of CFTC Actions Shock the Cryptocurrency Industry», McDermott Will & Emery, octubre. Disponible en: https://www.jdsupra.com/legalnews/a-flurry-of-cftc-actions-shock-the-5076708/ (fecha de consulta: enero de 2025). Puede también consultarse a Lucking, D. / Aravind, V. (2020). «Cryptocurrency as a Commodity: The CFTC's Regulatory Framework», Allen & Overy, 2.ª ed., GLI – Fintech.

[49] El artículo 3.25 MICA remite a la definición que otorga el Reglamento Delegado (UE) 2017/565 de la Comisión de 25 de abril de 2016 por el que se completa la Directiva 2014/65/UE del Parlamento Europeo y del Consejo en lo relativo a los requisitos organizativos y las condiciones de funcionamiento de las empresas de servicios de inversión y términos definidos a efectos de dicha Directiva en su artículo 2 (6) respecto de qué se entiende por materia prima o *commodity*, que se define como *«cualquier bien de naturaleza fungible que pueda entregarse, incluidos los metales y sus minerales y aleaciones, los productos agrarios, y la energía, por ejemplo la electricidad»*. Véase al respecto Rirsch R. / Tomanek, S. (2018). «Crypto-assets: Commodities under European financial markets law?», noviembre, Journal of Financial Compliance, vol. 2, núm. 3, pp. 199-206.

[50] Hacker, P. / Thomale, C. (2018). «Crypto-Securities Regulation: ICOs, Token Sales and Cryptocurrencies under EU Financial Law», European Company and Financial Law Review, núm. 15, pp. 649-650; Zetzsche, D. A. / Annunziata, F. / Arner, D. W. / Buckley, R. P. (2020). «The Markets in Crypto-Assets Regulation (MICA) and the EU Digital Finance Strategy», EBI Working Paper Series, núm. 77, pp. 5-6.

[51] Art. 3.1 MiCA.

[52] Art. 3.1.3 MiCA.

activo o bien que represente tenga un valor[53]. Por tanto, la particularidad de este tipo de criptoactivo es precisamente su finalidad[54], pues la mayoría de estos criptoactivos pretenden ser dinero privado. Nótese que su nota distintiva es que sean estables en su valor, extremo que es característica intrínseca de todo bien que cumpla las funciones económicas del dinero. De hecho, tal y como se señala literalmente en el Considerando 41 MiCA, el hecho de que un criptoactivo, por mucho que esté referenciado a varios activos, no sea estable en cuanto a su valor en principio excluye la posibilidad de que estos criptoactivos se consideren como fichas referenciadas a activos.

Ficha de consumo: es «*un tipo de criptoactivo utilizado únicamente para dar acceso a un bien o un servicio prestado por su emisor*» (art. 3.1.9 MiCA). Por tanto, dos son las notas distintivas de este tipo de *token*, a saber: la primera es que solamente puede tener una finalidad: únicamente dar acceso a un bien o servicio que además sea prestado por el emisor y la segunda es que no tiene finalidades de inversión o financieras. Habitualmente estos criptoactivos se suelen ofertar por las compañías a través de las ICOs y sirven para dar acceso a servicios específicos o prestar un trato preferencial a su titular como descuentos para una línea de productos de un start-up, pero en ningún modo otorgan derechos de voto o de participación que es precisamente el elemento que los distingue de los denominados *security tokens*[55]. En cuanto a la normativa aplicable, se viene entendiendo que los *utility token* no son instrumentos financieros, por lo que no resultará de aplicación la Directiva

---

[53]   Ibáñez Jiménez, J. (2021). *Tokens valor (security tokens), Régimen y técnica de los criptoactivos negociables y sus mercados (MICAs)*, Editorial Reus, Madrid, pp. 110 y 111 viene a entender que dicho valor ha de entenderse en un triple sentido: (i) como garantía de liquidez o de convertibilidad en el sentido que exista una confianza pública en la comunidad digital de que dicho *token* es intercambiable por otro bien que tenga valor pues las transmisiones son onerosas; (ii) como contravalor o respaldo monetario y (iii) como estabilizadores económicos para que el intercambio o la conversión se realice de forma segura.

[54]   Madrid Parra, A. (2021). (Dir.). «Conceptos Esenciales: la noción de criptoactivo en la propuesta de Reglamento y sus subcategorías (art. 3)» en *Guía de Criptoactivos MICA*. Pastor Sempere, M.ª C. (Dir.) / Blanco Sánchez, M.ª J. / Cediel, A. (Coords.). (2021). Aranzadi. Cizur Menor, p. 56.

[55]   Una explicación sencilla de las diferencias entre los *utility tokens* y los *security tokens* puede consultarse en: Bybit Learn. (2021). «Utility Tokens vs. Security Tokens», abril. Disponible en: https://learn.bybit.com/crypto/utility-tokens-vs-security-tokens/ (fecha de consulta: enero de 2025).

MIFID[56]. Por su parte, debe avanzarse que si un *token* además de otorgar derechos preferentes a su titular se utiliza parcialmente con fines de inversión éste deberá considerase como *security token*[57]. De ello nos ocuparemos con mayor extensión en los próximos capítulos.

Electronic money token, e-money token o ficha de dinero electrónico: se trata de *«un tipo de criptoactivo que, a fin de mantener un valor estable, se referencia al valor de una moneda oficia»*[58]. Estos criptoactivos funcionan en la práctica como el dinero electrónico[59] pues fundamentalmente se diferencian en la tecnología empleada, pues estos criptoactivos tienen tal carácter porque emplean una TDR[60], cosa que no sucede con el dinero electrónico.

Partiendo del criterio de la *forma en que se hubieran creado*[61], podríamos distinguir dos tipos de *tokens* (aunque se aluda al término *token* realmente por su amplitud nos parece más acertado referirnos a criptoactivos):

1. *Tokens originarios (DLT-navite tokens), Tokens de Protocolo o Protocol Tokens:* son aquéllos que nacen originariamente de la red distribuida descentralizada, habitualmente de la Blockchain, y se caracterizan fundamentalmente por su carácter geográficamente desubicado. En esta categoría, pues, se integrarían criptoactivos

---

[56]   En efecto, véase el párrafo 86 del Sumario de ESMA «Advice on Initial Coin Offerings and Crypto-Assets». ESMA50-157-1391, p. 20, en la que literalmente el señala: *«el hecho de que ninguna autoridad competente de los Estados Miembros considere el caso 5 como un valor transferible y/o un instrumento financiero sugiere que los criptoactivos que se consideren de forma puro utility tokens o fichas de servicio pueden quedar fuera de la normativa financiera existente en todos los Estados miembros. Los derechos que transmiten parecen estar demasiado alejados de la estructura financiera y monetaria de un valor mobiliario y/o un instrumento financiero»* (la traducción es nuestra).

[57]   Swiss Financial Market Supervisory Authority (FINMA). (2018). «FINMA publishes ICO Guidelines», octubre. Disponible en: https://www.finma.ch/en/news/2018/02/20180216-mm-ico-wegleitung/ (fecha de consulta: enero de 2025).

[58]   Art. 3.1.7 MiCA.

[59]   Exposición de Motivos, «Opción 2»: *«La finalidad de muchas de las «criptomonedas» estables es crear un «medio de pago», y algunas de ellas, si están respaldadas por una reserva de activos, podrían convertirse en un medio creíble de intercambio y depósito de valor. En ese sentido, puede considerarse que las «criptomonedas» estables comparten algunas características con el dinero electrónico».*

[60]   Madrid Parra, A. *Guía*, p. 55.

[61]   Ibáñez Jiménez, J. *Tokens* valor, pp. 104 a 120.

como el Bitcoin y el Ethereum)[62], pues nacen o se emiten en la propia red.

2. *Tokens derivados o derivativos (*non-DLT-native tokens*) o Tokens de aplicación o AppCoins:* Son aquéllos que no utilizan una red distribuida para operar en el sistema, sino que usan protocolos previos de red y por tanto se generan a través de un Smart Contract que crea una aplicación específica que se ejecutará en la cadena de bloques.

Por su parte, dependiendo de la funcionalidad[63], nos podríamos encontrar con la siguiente clasificación:

1. *Payment tokens o fichas de pago*: son aquellos que pretenden ser un medio de cambio siempre y cuando sea aceptado como tal durante un periodo de tiempo por una comunidad específica.

2. *Security tokens* o fichas de inversión: son aquellos activos que persiguen finalidades especulativas o de inversión. Ejemplo de ello serían aquellos criptoactivos que representen acciones o participaciones de una compañía o dividendos.

3. *Utility tokens* o *fichas de servicio*: son aquellos activos digitales que permiten el acceso a un contenido específico como puede ser a un servicio o a una prestación. Como veremos ocasión de analizar, realmente las fichas de servicio no son sinónimo de las fichas de consumo, aunque sí compartan ciertas similitudes.

En este particular sentido, debe indicarse que en muchas ocasiones existen *tokens* híbridos que cumplan más de una función a la vez[64], no obstante,

---

[62]   *Ibidem*, p. 105.
[63]   FINMA «FINMA publishes».
[64]   GURREA-MARTÍNEZ, A. / REMOLINA, N. (2018). «The Law and Finance of Initial Coin Offerings» en BRUMER, C. (ed.), Legal, Regulatory and Monetary Perspectives, Instituto Iberoamericano de Derecho y Finanzas, Working Paper Series 4/2018, p. 6. Disponible en: https://papers.ssrn.com/sol3/papers.cfm?abstract_id=3182261 (fecha de consulta: enero de 2025), quien señala que el hecho de que desde un plano funcional un *token* sea un *«asset token»* esto es, que su valor depende de otro bien subyacente, no ha de implicar necesariamente, aunque a menudo así sea, que desde un plano legal deba considerarse como *security token*, o

hay quien sostiene[65] que un *token* que tenga consideración de «*security token*» no puede convertirse en «*commodity*» y viceversa.

Desde luego, lo que sí ha de tenerse en cuenta ante la absoluta complejidad y gran abanico de criterios de clasificación es que, aunque parezca que existen tipos de activos digitales que pueden ser lo mismo en un sentido jurídico que económico, ello no ha de ser necesariamente así.

Asimismo, partiendo de la facilidad para el intercambio, de conformidad con la clasificación realizada por el Observatorio de Blockchain de la Unión Europea 66 nos encontramos con:

1. *Tokens Fungibles o Fungible Tokens*: como su propio nombre indica, un *token* fungible es aquél que puede ser intercambiado por cualquier cosa de la misma calidad y especie (art. 1167 CC)[67]. En esta categoría, pues, se integrarán criptoactivos como los *payment tokens* o los *security tokens*.

2. *Tokens No Fungibles o Non Fungible Tokens (NFT)*: son aquellos *tokens* que no son intercambiables por cualquier bien o servicio, sino que se caracterizan por ser (i) únicos; (ii) indivisibles y (iii) no replicables por otro *token*. Pueden representar cualquier tipo de bien, ya sea un bien perteneciente a un mundo digital (por ejemplo, puede representar a imágenes o videos), o proveniente del mundo físico (como obras de arte o esculturas). Debe tenerse en cuenta, sin embargo, que la transmisión de un NFT de un titular a otro no implica necesariamente que los derechos inherentes a aquello que se transmite (por ejemplo, los derechos propios de imagen o derechos de propiedad intelectual o de derecho de autor) también se transfieran[68]. Por tanto, lo cierto es que los NFT se diferencian además por otra nota característica: carecen de finalidades inversoras.

A su vez, en su clasificación más embrionaria, que es la que se realizó poco tiempo después de que irrumpiera en el mercado el primer criptoactivo

---

sea, un *token* que permita a su titular obtener beneficios como dividendos de una compañía u acciones o participaciones sociales.

[65] RIRSCH R. / TOMANEK, S., «Crypto-assets», p. 200.

[66] ESMA «Advice» p. 18 s.

[67] EU Blockchain Observatory Forum «NFT», p. 2.

[68] *Ibidem*.

en el año 2009, el Banco Central Europeo[69] vino a realizar las siguientes tres distinciones. Nótese que esta distinción en la actualidad queda obsoleta pues solamente concibe la posibilidad de que un criptoactivo funcione como dinero privado o sea una «moneda virtual» cuando, en la actualidad, existen activos criptográficos que persiguen finalidades distintas a la de ser un medio de pago:

1.   *Dinero virtual «in game only»*: son aquellas monedas virtuales que lejos de tener la función de ser un medio de cambio únicamente pueden ser utilizadas dentro de una comunidad virtual específica para adquirir bienes y/o servicios únicamente aptos para ser utilizadas en un videojuego. En este tipo de monedas virtuales, es habitual que el suscriptos abone una pequeña cantidad dinero como requisito previo para comenzar a jugar o para mejorar la posición del jugador dentro del juego (comprando vidas para seguir jugando, diferentes herramientas que aumenten las posibilidades de superar niveles dentro del juego, etc.). Ejemplo de ello sería el juego de «*Candycrush*» en donde el suscriptor, previo pago de cantidades concretas de dinero, puede obtener un abanico de distintas herramientas para poder superar con mayor facilidad los distintos niveles e incluso obtener nuevas vidas para seguir jugando. También podrían citarse algunos juegos de la compañía Nintendo[70]. Por su parte, existen otro tipo de juegos que, si bien inicialmente están destinadas para ser monedas virtuales *«in game only»* pueden servir para adquirir bienes o servicios específicos del mercado, en cuyo caso, pasarían a convertirse en dinero virtual unidireccional, la siguiente categoría en la que nos detendremos. Un supuesto ilustrativo de lo anterior es el caso del juego *«Second Life»* el cual, si bien inicialmente permitía únicamente utilizar las monedas virtuales denominadas *«Linden Dollars»* únicamente en la comunidad virtual propia del videojuego, añadió la posibilidad de adquirir, a través de las monedas virtuales, algunos bienes y servicios propios del mercado[71]. Ello no obstante, a pesar de que

---

[69]   Banco Central Europeo. *Virtual Currency*, p. 13.
[70]   Navas Navarro, S. (2015). «Un mercado financiero floreciente: el del dinero virtual no regulado» Revista CESCO de Derecho de Consumo, núm. 13/2015, p. 87.
[71]   BCE. *Virtual*, p. 28. En el mismo sentido, Rosenwald, M. S. (2010). «In the virtual World, Making Actual Millions; Online Entrepreneurs Meet Avatars' Needs as Well as

los *«Linden Dollars»* pueden convertirse en dinero de curso legal, lo cierto es que su estructura se encuentra centralizada[72], por lo que no deben confundirse con la tercera categoría que vamos a examinar; el dinero virtual bidireccional. Por su parte, debe tenerse presente que, en todo caso, este tipo de monedas virtuales están destinadas para realizar pagos de escasa o diminuta cuantía, de ahí que se utilice la expresión *«micropagos»*[73] para referirse a ellas. Buen ejemplo de ello sería el de *«World of Warcraft Gold»*[74], en donde los suscriptores pueden abonar el importe mensual de suscripción a través del *«oro»* que adquieren jugando como premio por superar los distintos niveles.

2. *Dinero virtual unidireccional*: a través de estas monedas virtuales es posible adquirir bienes pertenecientes a una comunidad virtual específica, así como algunos bienes de la economía real. Su particularidad estriba en que, una vez adquirida la moneda virtual ésta deviene irrevocable, esto es, ya no es posible convertirla en moneda *de curso legal*[75]. Un ejemplo ilustrativo de este tipo de dinero electrónico es la moneda virtual denominada *«Facebook Credits»* que se podía obtener a través de determinados juegos virtuales como FarmVille la cual inicialmente cuando se lanzó al mercado (2009)

Their Own», The Washington Post, marzo, *apud.*, MIDDLEBROOK, S.T. / HUGHES, S.J. (2014). «Regulating Cryptocurrencies in the United States: Current Issues and Future Directives», 40 Wm. Mitchell L. Rev., p. 821. Disponible en: https://www.repository.law.indiana.edu/cgi/viewcontent.cgi?article=3095&context=facpub (fecha de consulta: enero de 2025).

[72]   *Ibidem*, p. 29.

[73]   En efecto, la expresión «micropagos»o «microdonaciones» se utiliza para aludir a aquéllas monedas virtuales que están destinadas a realizar, a través de ellas, pagos de escasa cuantía, por ejemplo 1 euro o 3 dólares. GRINBERG, R. (2012). «Bitcoin: An innovative Alternative digital currency», Hastings Science and Technology Law Journal, vol. 4, núm. 1, octubre, p. 167. Disponible en:https://repository.uchastings.edu/cgi/viewcontent.cgi?article=1063&context=hastings_science_technology_law_journal (fecha de consulta: enero de 2025). *apud.*, NAVAS NAVARRO, S., «Un mercado», p. 88.

[74]   ROTHCHILD, J.A. (2016). *Research Handbook on Electronic Commerce Law*, Edward Elgar Publishing, septiembre, p. 52.

[75]   FINANCIAL ACTION TASK FORCE (FATF). (2014). «Virtual Currencies Key Definitions and Potential AML/CFT Risks», junio, p. 4. Disponible en: https://www.fatf-gafi.org/media/fatf/documents/reports/Virtual-currency-key-definitions-and-potential-aml-cft-risks.pdf (fecha de consulta: enero de 2025).

únicamente permitía adquirir bienes de la comunidad virtual de Facebook[76]. Ello no obstante, a partir de julio del año 2012 Facebook instauró un sistema para que los *«Facebook Credits»* pudieran convertirse en dinero de *curso legal*[77]. No obstante, finalmente estas monedas virtuales fueron retirados del mercado tras la interposición de una *class action* relacionada con la adquisición de estas monedas por parte de menores de edad[78]. Otro ejemplo clásico de las monedas unidireccionales con los denominados *«Amazon Coins»* que permiten a los usuarios adquirir a través de ellas mediante su página web o aplicación bienes específicos disponibles en *«Kindle Fire»*, un dispositivo electrónico (Tablet) diseñada principalmente para la compra y lectura de libros electrónicos[79]. También pertenecerían a esta categoría las tarjetas de fidelización por puntos como los «Frequent Flyers» que permiten adquirir bienes y servicios de la economía real a cambio de puntos acumulados[80].

3. *Dinero virtual bidireccional*: a diferencia de las anteriores dos categorías, estas monedas virtuales no sólo permiten adquirir cualquier bien o servicio que pertenezca a la economía real o a la virtual, sino también es posible convertirlas en dinero fiduciario de forma ilimitada una vez adquiridas. Es decir, a diferencia de las anteriores, las monedas bidireccionales operan en el mercado como medios de pago, si bien se diferencia del dinero propiamente por la falta de la sanción estatal. Éste es el supuesto,

---

[76]   Takashi, D. (2010). «How Facebook plans to fuel app economy with Facebook with Facebook Credits», Venturebeat, abril. Disponible en: https://venturebeat.com/2010/04/21/how-facebook-plans-to-fuel-the-app-economy-with-facebook-credits/ (fecha de consulta: enero de 2025).

[77]   https://developers.facebook.com/blog/post/2012/06/19/introducing-subscriptions-and-local-currency-pricing/ (fecha de consulta: enero de 2025).

[78]   *vid.*, I.B. v. Facebook, Inc. Case No. 12–cv–01894–BLF. Asimismo, *vid.*, Peterson, T. (2012). «Facebook gives up on Facebook Credits» ADWEEK, junio. Disponible en: https://www.adweek.com/performance-marketing/facebook-gives-facebook-credits-141237/ (fecha de consulta: enero de 2025).

[79]   Bailey Reutzel. (2013). «Amazon Advances in Virtual Money Battle While Facebook Retreats», AM. Banker, febrero. Disponible en: https://www.americanbanker.com/payments/news/while-facebook-retreats-amazon-advances-in-virtual-money-battle (fecha de consulta: enero de 2025).

[80]   Navas Navarro, S., «Un Mercado», p. 88.

efectivamente, de las monedas virtuales como el Bitcoin o el Ethereum o cualquier otra moneda que siga idéntica estructura[81].

Siguiendo esta categoría, debe incidirse que en el mercado han aparecido figuras que operan como un *tertium genus* entre el dinero virtual unidireccional y bidireccional. Tal es el caso del videojuego gratuito denominado *«Coin Hunt World»* el cual, si bien inicialmente parece un videojuego corriente, a través de él es posible adquirir auténticas monedas virtuales bidireccionales como Bitcoin o Etherum que son intercambiables por cualquier bien o servicio o por dinero fiduciario.

Así las cosas, puede concluirse que no existe un criterio específico de clasificación de los criptoactivos; todo lo contrario, existe un abanico muy complejo de distintos parámetros de distinción que potencian exponencialmente la incertidumbre para determinar cuál es la normativa aplicable a cada uno de los criptoactivos.

Desde luego, lo que sí parece claro es que existen dos grandes bloques, en cuanto a la normativa se refiere, de criptoactivos[82]: (i) aquéllos que a la luz de la Directiva MiFID2 se consideren instrumentos financieros y (ii) aquellos que pretendan ser un medio de pago, entre los que se encontrarán los denominados en argot como *«criptomonedas»* (término que, insistimos, no encuentra un respaldo legal).

Lo anterior, como se ha avanzado, no solamente será relevante para conocer los requisitos que deberán necesariamente cumplirse para la emisión y posterior admisión a negociación de cada criptoactivo cuestión que queda extramuros del objeto del presente estudio, sino que también será relevante en otras áreas del ordenamiento privado como sucede en el derecho de obligaciones o en el derecho de contratos.

En efecto, la relevancia de la cuestión se explica particularmente si se hace alusión al siguiente supuesto práctico: un adquirente de una NFT, o sea, un comprador de un criptoactivo que representa a un activo único, singular y no fungible del mundo real como puede ser un inmueble, pretende, en un supuesto de doble venta, oponer al vendedor que es un tercer adquirente de

---

[81]   GRINBERG, R. «Bitcoin: An innovative Alternative», p. 172

[82]   ESMA «Advice», p. 5. En el mismo sentido, EUROPEAN BANKING AUTHORITY (EBA). (2019). «Report with advice for the European Commission on crypto-assets', enero.

buena fe protegido por la fe pública registral de conformidad con lo dispuesto en el art. 34 de la LH. Para poder resolver la cuestión y, en fin, determinar si es o no aplicable lo dispuesto en dicho precepto, será necesario conocer cuándo se entiende por ejecutado el contrato de compraventa: si solamente se ejecuta cuando se suscribe el contrato ante notario a través de la *traditio* simbólica y se inscribe la escritura en el Registro de la Propiedad o, por el contrario, se podría entender ejecutado el contrato cuando el adquirente desbloquee la operación a través del uso de la clave criptográfica privada.

La resolución de este supuesto, y otros muchos, solamente podrá realizarse una vez se determine la naturaleza jurídica del criptoactivo en cuestión como trámite previo, extremo *éste del que nos ocuparemos en las próximas líneas.*

Capítulo II

CRIPTOACTIVOS EN EL DERECHO DE OBLIGACIONES

I. Los criptoactivos como objeto de la prestación debida

Con carácter general, los criptoactivos son representaciones criptográficas de valor que se erigen como bienes intangibles, determinados o determinables, lícitos, posibles (arts. 1271 a 1273 CC) y susceptibles de propiedad (art. 348 CC).

Ello es así por cuanto que, a diferencia de otros ordenamientos como el alemán[1], el japonés[2] o el suizo[3], en el derecho español se admite la posibilidad de que los bienes intangibles se consideren susceptibles de propiedad.

---

[1]   En el ordenamiento alemán no es posible que un criptoactivo se considere como un bien susceptible de propiedad (Sachen) dado que el derecho civil alemán es dogmático en el sentido de que solamente pueden tener dicha categoría aquellos bienes que fueran tangibles, quedando excluidos de esta institución aquellos otros que fueran intangibles de conformidad con lo dispuesto en el § 90 BGB (Bürgerliches Gesetzbuch). Por tanto, el titular de un criptoactivo no ostenta los derechos inherentes de toda propiedad (§ 903 BGB) ni tampoco puede transferir las mismas a través de un dispositivo físico (§ 929 BGB) siendo que lo único que se almacena en los monederos electrónicos son las claves privadas, pero no los criptoactivos. FILLMANN, A. (2020). «German Law Aspects of Crypto Assets», The National Law Review, 2 de abril, pp. 2 y 6. Disponible en: https://www.natlawreview.com/article/german-law-aspects-crypto-assets#google_vignette (fecha de consulta: enero de 2025).

[2]   En el derecho japonés, al igual que en el ordenamiento alemán, un criptoactivo no pudiere ser considerado como un bien susceptible de propiedad por su carácter intangible. Ello se corrobora en la sentencia dictada por el Tribunal de Distrito de Tokio de 5 de agosto de 2015 en la que el tribunal de instancia vino a entender en un supuesto en donde un inversor de Bitcoins pretendía la devolución de dichos activos que adquiridos en la compañía Mt Gox que los criptoactivos no podían considerarse como un bien debido a que una interpretación restrictiva de los arts. 58 y 206 del Código Civil japonés han de conllevar necesariamente a concluir que en el derecho civil japonés un bien solamente puede tener tal consideración si es tangible. El fallo traducido al inglés puede consultarse en: https://www.law.ox.ac.uk. (fecha de consulta: enero de 2025).

[3]   *vid..* al respecto, FEDERAL COUNCIL REPORT. (2018). «Legal framework for distributed ledger technology and blockchain in Switzerland An overview with a focus on the financial sector», Bern, 14 de diciembre, pp. 43 y 50. Disponible en: https://www.newsd.admin.ch/newsd/message/attachments/55153.pdf (fecha de consulta: enero de 2025). Según el derecho suizo, un criptoactivo no otorga a su titular ningún derecho real («*right in rem*») salvo en aquellos supuestos en los que exista una posesión indirecta por consecuencia de la celebración de un contrato entre el poseedor y el propietario en donde los derechos inherentes al bien en cuestión se encuentran depositados en una DLT. A pesar de lo anterior, un sector minoritario se aparta de esta doctrina y arguye que los criptoactivos sí podrían ser propiedad con base en el hecho de que su titular es propietario de claves privadas criptográficas, siendo éste, título suficiente para justificar la condición de propietario respecto del criptoactivo en cuestión. Seiler/Seiler 2018: 149 et seq.; Graham-Siegenthaler/Furrer 2017: margin no. 69; HauserSpühler/Meisser 2018: 9, *apud.*, FEDERAL COUNCIL REPORT «Legal», p. 43.

Tal es precisamente el caso, tratándose de la regulación *ad hoc*, de: (i) la propiedad intelectual sobre un programa informático (art. 96.1 LPI) 4 que es considerado, incluso, como una obra original a la luz de lo dispuesto en el art. 10.1 LPI; (ii) una marca (art. 46 LPI) la cual es susceptible de propiedad, así como de gravamen; (iii) una patente (art. 82 Ley 24/2015, de 24 de julio, de Patentes 5, así como (iv) una acción, que es un bien transmisible y susceptible de gravamen (art. 120 TRLSC); entre otros.

En el mismo sentido, esta noción amplia por la que opta el legislador español puede observarse en el art. 336 CC precepto que considera como cosas los derechos. Lo mismo sucede con lo dispuesto en el art. 511-1 CC-Cat, que considera como cosas los derechos patrimoniales.

En fin, expuesto cuanto antecede, un criptoactivo no es sino un conjunto de datos, entendido por tal como «*toda representación digital de actos, hechos o información, así como su recopilación incluso como grabación sonora, visual o audiovisual*» (art. 2.1 Reglamento (UE) 2022/868 de Gobernanza Europea de Datos).

Y, es que, como se ha insistido en anteriores Capítulos, técnicamente un criptoactivo se encuentra formado por dos claves (una pública y otra privada) y es el resultado de combinar, por un lado, un código alfanumérico denominado Token Id y, por otro, una cuenta de Smart contract a través de la cual se perfecciona la obligación.

Lo anterior quiere decir, por ende, que cada criptoactivo que se emita ostenta un código singular y único que le hace diferenciar del resto de los criptoactivos en la red y, en fin, permite identificar cada transacción realizada respecto de aquél.

Mas su singular identificabilidad en la red no convierte a estos criptoactivos en bienes determinados y únicos en el sentido del art. 1182 CC ya que, aunque la forma de identificarlos sea singular, el bien que representan, tanto si resultan ser criptoactivos nativos como si son representativos, sigue siendo un bien sustituible por otro.

---

[4] Real Decreto Legislativo 1/1996, de 12 de abril, por el que se aprueba el texto refundido de la Ley de Propiedad Intelectual, regularizando, aclarando y armonizando las disposiciones legales vigentes sobre la materia (BOE-A-1996-8930).

[5] BOE-A-2015-8328.

Por ende, una de las características más destacables de la casi totalidad de los criptoactivos será su carácter fungible y genérico (arts. 1196.2.º CC y 1740 CC), en la medida en que pueden ser sustituidos por cualquier otro bien, servicio, crédito o activo susceptible de valoración económica siempre y cuando tenga la misma calidad, género y especie (art. 1167 CC).

Destaca la fungibilidad sobre todo en los *payment tokens* o fichas de pago, y, en especial, en las fichas de dinero electrónico ya que representan una única moneda *de curso legal*, siendo precisamente el dinero el bien jurídico fungible por excelencia[6].

Como excepción a esta norma general se encuentran las NFTs, las cuales, como se ha dicho anteriormente, son bienes intangibles no fungibles que destacan por su carácter único y singular tal y como se desprende en el art. 3.2 d) de la Circular 1/2022 o, lo que es lo mismo, aquel bien que «*no puede hacerse el uso adecuado a su naturaleza sin que se consuman*» (art. 337.2 CC).

Nuevamente, no es el soporte el elemento que hace singular la NFT, sino el activo que ésta representa.

Ello, indudablemente tendrá una incidencia directa en las obligaciones de tracto sucesivo o, obligaciones sujetas a plazo, en donde, si bien la obligación se perfecciona en un momento determinado, su cumplimento se encuentra postergado o diferido en el tiempo. Y, es que, si en dicho ínterin la cosa perece, se destruye o desparece, no podríamos aplicar las reglas genéricas del *genus nuquam perit* como sucede con las obligaciones genéricas. De esta cuestión nos ocuparemos seguidamente.

De la misma manera, será relevante estudiar la teoría de la frustración del contrato en aquella obligación genérica en donde, un criptoactivo específico como puede ser una NFT perece tras la especificación; esto es, después de que el deudor hubiera designado un criptoactivo único y no fungible como forma de cumplir la obligación.

Lo mismo sucederá, como veremos seguidamente, en las obligaciones alternativas siempre y cuando la cosa objeto de entrega perezca una vez que se produzca la llamada determinación, o sea, que el deudor escoja a un criptoactivo específico como forma de cumplir íntegramente la obligación.

---

    [6]   Bonet Correa, J. (1980). «Artículo 1170», en *Comentarios al Código Civil y Compilaciones Forales*, Albadalejo, M., (Dir.), T. XVI, vol. I, Revista de Derecho Privado, Edersa, Madrid. p. 132.

Finalmente, podríamos plantear si una *utility token* o ficha de consumo pudiera ser considerada como una cosa determinada o específica según el texto definitivo de MiCA.

En fin, es cierto que la diferencia entre una *utility token* y una NFT se encuentra precisamente en que la primera, aunque no es fungible, no es singular ni única, mientras que la segunda sí.

Sin embargo, nos planteamos ¿Qué sucedería si el emisor de una ficha de consumo permitiera el acceso a un servicio concreto al adquirente por ser un cliente especial? ¿Qué sucedería si, dicho servicio, fuera un servicio *ad hoc* y personalizado?

En los supuestos planteados, entendemos que deben diferenciarse dos escenarios posibles: (i) que el servicio se ofrezca a un cliente nominativamente por su condición especial, por ejemplo, porque es un buen cliente para el emisor y (ii) que el servicio ofrecido sea un servicio personalizado para dicho cliente en concreto.

La respuesta, entendemos, a ambos interrogantes no es la misma pues la naturaleza jurídica del servicio tampoco lo es. Así, si bien en el primero de los casos el servicio, aunque de forma nominativa, tiene carácter genérico, en el segundo el servicio es una prestación concreta, singular, única y específica.

Por ende, solamente cabría aplicar la teoría de la frustración del contrato propia de las obligaciones específicas al segundo de los casos, pero no así al primero.

II. Los criptoactivos y la causa del contrato

Nuevamente, deben diferenciarse los criptoactivos nativos de los representativos, pues en los segundos la causa no vendrá determinada por la cadena de bloques sino por el negocio jurídico subyacente[7] y ello porque las transacciones en la cadena de bloques son abstractas (en tanto que dependen de otra operación) y unilaterales, pues por su propio diseño una vez realizadas son irrevocables.

Ahora bien, tanto si el criptoactivo es nativo como si no lo es, lo cierto es que la causa, en la casi mayoría de las ocasiones consistirá en la prestación

---

[7]   Echebarría Sáenz, M. (2017). «Contratos electrónicos autoejecutables (smart contract) y pagos con tecnología blockchain», Revista de Estudios Europeos, núm. 70, p. 72.

recíproca de un criptoactivo por dinero de curso legal o el intercambio de un criptoactivo por otro (art. 1274 CC).

Una de las excepciones la encontraremos en las fichas de consumo, en donde la causa es la mera liberalidad.

Pues bien, la causa es determinante a la hora de anudar el régimen jurídico no sólo respecto del criptoactivo emitido, sino del negocio jurídico suscrito.

Así, como veremos más adelante, si la causa del contrato consiste en el intercambio de un criptoactivo por dinero o signo que lo represente, hablaremos de un contrato de compraventa (art. 1445 CC) mientras que, si se produce un intercambio de un criptoactivo por otro, aunque de distinta naturaleza, hablaríamos de una permuta, a no ser que los dos criptoactivos intercambios representaran únicamente créditos, en cuyo caso sería una cesión de créditos. De todas estas cuestiones nos ocuparemos en el apartado relativo a los contratos.

III. LA TRANSMISIÓN DE LOS CRIPTOACTIVOS

Nuevamente, debemos distinguir los criptoactivos nativos de los representativos para determinar cuándo se entiende transmitida la titularidad del activo en cuestión.

Como es sabido, en el derecho español es preciso, para transmitir la propiedad de un bien, que el adquirente cumpla, como requisito *sine qua non*, dos exigencias, a saber: el título traslativo y el modo (art. 609. II CC). Ello es así por cuanto que la propiedad se caracteriza por tener una naturaleza ontológicamente posesoria[8].

Lo anterior quiere decir, por ende, que el hecho de que la forma de representación digital de un criptoactivo sea novedosa respecto de las precedentes, es irrelevante a efectos de entender cuándo se transmite la propiedad, pues la teoría del título y del modo resulta inderogable cualquiera que sea el soporte de representación[9].

---

[8]   ÁLVAREZ CAPEROCHIPI, J. A. (1986). *Curso de Derechos reales*, tomo I, Civitas, Madrid, p. 164.

[9]   *vid.* IBÁÑEZ JIMÉNEZ, *Tokens valor*, p. 94; SIMÓN MORENO, H. (2020). «La adquisición, transmisión y extinción de los derechos reales «tokenizados»», en GARCÍA TERUEL, R. M.ª (Coord.), *La tokenización de bienes en blockchain*, Aranzadi, Cizur Menor, p. 111;

Con todo, seguidamente analizaremos las particulares existentes respecto del título, así como al modo tratándose de las operaciones relacionadas con criptoactivos.

1. Título

En el derecho civil español es perfectamente posible que el titulo traslativo se encuentre representado en soporte digital, pues despliega los mismos efectivos que el tradicional contrato suscrito en soporte papel tal y como reza el art. 23.1 de la Ley 34/2002, de 11 de julio, de servicios de la sociedad de la información y de comercio electrónico (LSSIC)[10].

Lo anterior quiere decir que, también en el ámbito de los criptoactivos, el contrato que soporte la operación seguirá siendo consensual y, por ende, las obligaciones se perfeccionarán con el mero consentimiento de las partes (art. 1261 CC).

La particularidad, sin embargo, estribará en saber cuándo se entiende que el adquirente ha prestado su consentimiento, lo cual obligará a tener en cuenta las reglas específicas de la contratación electrónica a distancia (arts. 1262.3 CC y 23 LSSI).

Por otro lado, es cierto que estas reglas pueden verse alteradas allí donde existan tratos precontractuales, pero resulta difícil imaginarse un supuesto de adquisición de criptoactivos que fuera precedida de tratos precontractuales, especialmente teniendo en cuenta que en la mayoría de las ocasiones los criptoactivos son emitidos en masa y transmitidos mediante contratos de adhesión en los que impera la imposición y la predisposición[11].

Konashevych, O. (2020). «Constraints and benefits of the blockchain use for real estate and property rights», Journal of property, planning and environmental law, vol. 12, núm. 2, p. 122 y Allen, J. G. / Rauchs, M. / Blandin, AP. / Bear, K. (2020). «Legal and regulatory considerations for digital assets», University of Cambridge, p. 26. Todos los autores aluden a la relación que la transmisión del *token* debe tener con los requisitos y formalidades aplicables a las transmisiones *off chain*, por lo que su contravención podría ocasionar la invalidez o inutilidad del *token*.

[10]   BOE-A-2002-13758.

[11]   Arrieta Sevilla, L. J. (2023). «El uso de tokens en transmisiones inmobiliarias», Revista de Derecho Civil, junio, p. 90.

Con todo pues, siendo el eje central de la perfección del contrato el consentimiento, bastará con que exista una manifestación externa de la voluntad para que el contrato comience a desplegar efectos jurídicos inter partes[12], para lo cual será preciso analizar el contexto social circunscrito por las partes[13].

El hecho de que no se exija ninguna forma *ad solemnitatem* para la validez del título traslativo en las operaciones con criptoactivos es coherente con el sistema que rige en el derecho civil patrimonial, donde impera el principio de la libertad de forma (art. 1278 CC) incluso a la hora de transmitir la propiedad de bienes inmuebles (art. 1280.1.º CC).

A menudo, el contrato que vehiculizará la externalización de la voluntad y, en fin, la aceptación de la oferta por parte del adquirente, será un Smart Contract.

Sin embargo, debe advertirse que ello no siempre será así, pues puede suceder que un Smart Contract sea la representación digital de un contrato previamente existente en otro soporte, como el soporte papel o, incluso, el soporte digital distinto a la TRD.

En estos casos, el Smart Contract operaría funcionalmente como una escritura pública allí donde el presupuesto de la forma no fuera preceptivo como en la compraventa inmobiliaria: la escritura pública no haría más que elevar a público una realidad existente en el ámbito privado. En idéntico sentido, un Smart contract no sería más que un conjunto de datos que sirven como la prueba digital de otro negocio jurídico previo y subyacente.

---

[12]   Vilalta Nicuesa, A. E. (2019). *Smart legal contracts y blockchain. La contratación inteligente a través de la tecnología blockchain*, Wolters Kluwer-La Ley, Madrid, p. 28.
[13]   Gete-Alonso y Calera, M.ª C. (1979). *Estructura y función del tipo contractual*, Bosch, Barcelona, p. 273 s.

2. Modo

En cuanto al modo y, si bien la doctrina no ha sido constante ni unívoca en este punto[14], parece ser que, como norma general[15], se acepta que el modo o la entrega se entienda cumplido no solamente a través de las formas previstas en el CC, sino que, por el contrario, se admiten otros modos distintos a los contemplados en dicho texto normativo.

Dicho, en otros términos, el listado contenido en el CC no es más que un *listado ad exemplum* o, lo que es lo mismo, un litado *numeros apertus*.

Así las cosas, y, admitiéndose como un modo válido la denominada *traditio* simbólica (art. 1463 CC)[16], podríamos entender que la entrega de un bien a través de un formato digital que utilice una TDR no es más que una forma atípica de cumplir la *traditio* simbólica[17], como si se tratara de *«la entrega de las llaves del lugar o sitio donde se hallen»*.

Y, es que, en el sistema español no es preciso que la posesión sea ni material ni directa para que se entienda cumplido el modo[18].

Aplicando lo anterior al caso que nos ocupa, debemos subrayar que el presupuesto del título no plantea dudas en la medida en que la mayoría de los criptoactivos emplean la tecnología del ETH en donde, *ipso facto*, se ejecutan los denominados Smart Contracts.

---

[14]   Díez-Picazo, L. (1986). Las relaciones jurídico-reales. El Registro de la Propiedad. La posesión» en *Fundamentos del Derecho Civil Patrimonial*, Libro V, «, Tecnos, Madrid, p. 683 s.

[15]   Simón Moreno, «La adquisición», p. 125. *vid.*, también, López Rodríguez, A. M. (2021). «Ley aplicable a los smart contracts y lex cryptographia», Cuadernos de Derecho Transnacional, vol. 13, núm. 1, pp. 443 y 444.

[16]   Argelich Comelles. (2022). «La transmisión digital de la propiedad mediante su adquisición derivativa en las plataformas blockchain» en García Goldar, M. / Núñez Cerviño, J. (Dir.), *El Derecho ante la tecnología: innovación y adaptación*, Colex, Madrid, p. 216.

[17]   Sieira Gil, J. / Gómez-Acebo Campuzano, J. (2021). «Tokenización de activos físicos: tokens inmobiliarios y mobiliarios» en *Perspectiva legal y económica del fenómeno FinTech*, Cuena Caxsas, M. / Ibáñez Jiménez, J. (Dir.), Wolters Kluwer- La Ley, septiembre, versión digital, pp. 8 y 9.

[18]   Rodríguez-Rosado, B. (2021). «Causa, traditio e inscripción», en *Tratado de Derecho inmobiliario registral*, Del Rey Barba, S. / Espejo Lerdo de Tejada, M. (Dir.), tomo I, Tirant lo Blanch, Valencia, p. 452.

No obstante, no sucede lo mismo con el modo, ya que la entrega de un bien no se cumplirá de la misma forma tratándose de un criptoactivo que no tenga valor propio en cuestión porque representa a un activo subyacente (adquisición derivativa), que tratándose de un criptoactivo que, al ser nativo, tenga valor propio según el algoritmo de la propia red (adquisición originaria).

Otra de las particulares que deberá tenerse en cuenta es que, como las operaciones se realizan a través de una TRD, aunque se perfeccionen con el mero consentimiento de la misma forma que los contratos en soporte papel, el momento en que comenzarán a surtir plenos efectos jurídicos se encontrará postergado en el tiempo.

Y, es que, solamente comenzarán a surtir plenos efectos jurídicos reales cuando la operación se haya verificado correctamente por los mineros y, en consonancia, se haya inscrito en la correspondiente cadena de bloques.

En efecto, antes de inscribir la operación, los mineros han de validar la misma para esclarecer que, por ejemplo, el titular no ha transmitido previamente el criptoactivo a un tercero. Así, solamente si no existe ninguna vicisitud en la transmisión resultará inscribible la operación.

Lo anterior quiere decir que, jurídicamente, la obligación será condicional, de tal forma que solamente se perfeccionará si se cumple la condición suspensiva[19]: la correcta verificación de la transmisión del criptoactivo y su correlativa inscripción en la TRD (arts. 1114 y 1115 CC).

Una vez matizado lo anterior, a continuación, distinguiremos ambos supuestos para ver cuándo se entenderá cumplido el presupuesto del modo, a saber:

3. Criptoactivos representativos: la adquisición derivativa

Nuevamente, debemos distinguir dos escenarios, a saber: (i) por un lado, los criptoactivos representativos que no sean NFTs inmobiliarias como sucede con las fichas de inversión, las fichas de pago y las fichas de consumo, así como las NFTs que representen bienes muebles como sucede en el criptoarte y; por otro (ii) las NFTs inmobiliarias.

---

[19]   NAVAS NAVARRO, S., «Un mercado», p. 111.

Sin embargo, antes de comenzar a desgranar los distintos tipos de criptoactivos representativos, debemos precisar que, en todo caso, la adquisición de su propiedad será siempre derivativa, y se podrá realizar de dos formas[20]: (i) la primera, a través de un sitio web o una aplicación, que operará como una casa de cambios; (ii) la segunda, a través de un propietario que hubiera adquirido previamente el criptoactivo, siendo el contrato que soportará tal operación un contrato oneroso.

A. *Criptoactivos representativos que no sean NFTs inmobiliarios*

Prácticamente, estos criptoactivos operarán de forma idéntica a lo que sucede con las anotaciones en cuenta: la transmisión del bien o servicio representado se entenderá realizada en el momento en que se inscriba la transacción, pues la inscripción sustituye a la *traditio*, incluso a la ficta[21].

Lo anterior quiere decir, por ende, que el momento determinante para esclarecer cuándo se entenderá transmitida la titularidad es el momento de la inscripción de la transmisión en el *ledger*, con independencia de cuánto se produce la entrega física (si es que se produce) del bien representado. Como no podía ser de otra manera, esto es lo que permite y acelera la circulación masiva de los bienes representados digitalmente[22].

Pues bien, en esta misma línea, el legislador español, al adaptar, entre otros, la Directiva de infraestructuras de mercado al derecho interno a través de la Ley 6/2023, de 17 de marzo, ha otorgado el mismo valor a las TRDs que a las anotaciones en cuenta en la medida en que, según el art. 11 LMVSI: *«La inscripción o registro de la transmisión en el sistema de anotaciones en cuenta o en el sistema basado en tecnología de registros distribuidos, según corresponda, a favor del adquirente, producirá los mismos efectos que la entrega de los títulos»*.

---

[20]   *Ibidem.* p. 113.

[21]   Cortés García, E. (2002). *La desmaterializacóin de los títulos-valores*, Lex Nova, Valladolid, p. 260; MARTÍNEZ-ECHEVARRÍA GARCÍA DUEÑAS, A. (1997). *Valores Mobiliarios Anotados en Cuenta. Concepto, Naturaleza y Régimen Jurídico*, Aranzadi, Cizur Menor, p. 220 y PASTOR SEMPERE, M.ª C., *Dinero*, p. 307.

[22]   PAZ-ARES, C. (1995). «La desincorporación de los títulos-valor (El marco conceptual de las anotaciones en cuenta)», *El nuevo mercado de valores*, Colegios Notariales de España, Madrid, pp. 101 y 102.

Por ende, la inscripción de la transmisión tiene el mismo valor jurídico que la transferencia contable: la *traditio* (art. 609 CC) y, además, pese al principio de libertad de forma que rige en nuestro derecho salvo determinadas excepciones como en la constitución de la hipoteca, la inscripción es constitutiva para que comience a desplegar efectos *erga omnes* (arts. 1278 a 1280 CC). Otro debate resultará, y queda extramuros del presente estudio, sobre si con la mera posesión del título han nacido o no derechos exigibles únicamente *inter partes* (art. 1089 CC).

Ello no obstante, debe indicarse que no todo tipo de TRDs, aunque la LMVSI no realice ninguna distinción, podrá operar como un registro contable. La razón es una única: el diseño y la opacidad de algunas TRD, como sucede con las redes no permisionadas en donde el acceso al contenido de la red se encuentra restringida a un grupo acotado de personas y entidades.

Así las cosas, parece ser que las redes permisionadas serían las únicas que permitirían garantizar que la *traditio* de un criptoactivo se realizara de una forma igual de segura que la transferencia contable en las anotaciones en cuenta[23].

En efecto, una red permisionada garantizaría la trazabilidad de la transacción, pues ésta sería identificable y rastreable en todo momento, a la vez de que preservaría el anonimato de los intervinientes a través del sistema de la doble firma. Se asemejaría más, en este sentido, a un título al portador más que un título nominativo como el cheque, ya que el hecho de que la operación, en uanto a su trazabilidad, sea única, no lo es el activo representado. Lo mismo con la persona del emisor, pues, si bien en la TRD no es más que una mera dirección de usuario, en realidad la operación no se configura en atención a las características personales de los intervinientes.

Lo anterior adquiere particular relevancia en un punto: la legitimación, pues el disponente de la clave privada será precisamente el equivalente digital al legítimo tenedor del sistema cartular[24], por lo que gozará *iuris tantum* del beneficio de la irreivindicabilidad (art. 1160 CC *in fine*, art. 11.3 LMVSI, art. 13.3 Decreto 878/2015 y art. 545 CdC), salvo que se pruebe que el adquirente ha obrado con mala fe o culpa grave. Incluso, se ha llegado

---

[23]   IBÁÑEZ JIMÉNEZ, J., *Tokens valor*, p. 238.
[24]   SIMÓN MORENO, H., «La adquisición», p. 119.

a aludir de que la presunción, tratándose de Blockchain, ha de ser, por el diseño de la tecnología, irreivindicable *iuris et de iure*[25].

Realmente, en la práctica resulta difícil, aunque la buena fe registral se presuma (art. 32 LH) encontrarnos ante un supuesto en donde existe un extravío en la red de la transmisión, pues, como se ha indicado en Capítulos anteriores, la TRD, por el diseño de su tecnología, está pensado para operar de forma automática y sin intermediaciones, siendo que, cualquier operación que no siga los anteriores nodos queda fuera de la cadena.

Por el contrario, la presunción de buena fe y la legitima tenencia del criptoactivo a través de la posesión de la clave privada sí tendrá sentido a la hora de examinar si, el nuevo adquirente, ha obtenido el criptoactivo por usurpación ilícita de la identidad del titular de las claves privadas.

Otra de las ventajas que plantearía una red no permisionada es que reduciría, ostensiblemente, los costes de la transmisión, por no decir que se minimizarían los trámites burocráticos necesarios para publicar las transacciones[26].

En cuanto al objeto inscrito, parece ser que, conjugando lo dispuesto en el art. 11 LMVSI con lo establecido en los arts. 2.1 y 3 del Real Decreto 878/2015, de 2 de octubre lo lógico es que todo lo que se transmite, en bloque, deba estar representada necesariamente mediante TRD, no admitiéndose, por ende, que un bloque esté representado, de forma híbrida, mediante anotaciones en cuenta o a través de cualquier otra forma digital de representación.

Otra de las particulares que a tener en cuenta a la hora de transmitir un criptoactivo representativo es que, a diferencia de lo que sucede con las anotaciones en cuenta, es que no resultará de aplicación el principio de prioridad de las inscripciones según orden de presentación y, es que, el orden de presentación no viene determinada por el orden de llegada, sino por el protocolo de consenso[27].

---

[25] IBÁÑEZ JIMÉNEZ, J., *Tokens valor*, p. 262. En el mismo sentido, SERRA RODRÍGUEZ, A. (2021). «Los smart contracts en el Derecho contractual», Revista Aranzadi de Derecho y Nuevas Tecnologías, núm. 56, p. 44.

[26] *Ibidem*, pp. 241 a 244.

[27] IBÁÑEZ JIMÉNEZ, J., *Tokens valor*, p. 261.

B. *NFTs inmobiliarios*

Como excepción a la norma general, nos encontramos con las NFTs inmobiliarias, esto es, aquellas que representan, sin fines de especulación financiera, un inmueble específico y singular, no sustituible por otro.

A continuación, pues, desgranaremos las limitaciones que presentan los *tokens* inmobiliarios a la hora de producir efectos traslativos de dominio cuando éstos aparezcan representados en una TRD[28]:

a. *Inscripción y publicidad*

Los denominados en argot «tokens inmobiliarios» podrían no entenderse transmitidos, a diferencia de lo que sucede con las *security tokens ex* art. 11 LMVSI, cuando se inscriban en la TRD.

En efecto, es cierto que, admitiéndose en nuestro derecho la *traditio ficta* como una de las formas de cumplir el presupuesto del modo, podríamos entender que el modo en la transmisión de las NFTs inmobiliarias se cumple al tiempo en que el usuario, a través de sus claves privadas, desbloquee la operación e inscriba la misma en la TRD.

Ello no obstante, en ocasiones la *traditio* solamente se entenderá cumplida cuando se cumplan las normas específicas de la normativa registral e hipotecaria (arts. 32, 34 y 38 LH) o las propias del Código Civil (art. 633.1 CC). Y lo mismo sucederá respecto del momento en que cabe determinar cuándo un criptoactivo es oponible *erga omnes* (art. 4 LH).

Tal es el caso, por ejemplo, de las donaciones de bienes inmuebles a través de una NFT o la constitución de una hipoteca de una NFT y, es que, como en estos casos el presupuesto de la forma es preceptivo (art. 633.1 CC y art. 145 LH; respectivamente), solamente se entenderá cumplido el modo a través de la *traditio* instrumental, es decir, cuando, respectivamente, la donación inmobiliaria y la constitución de préstamo hipotecario que grave el

---

[28]   García Teruel, R. M.ª / Simón Moreno, H. (2021). «The digital tokenization of property rights. A comparative perspective», Computer Law & Security Review 41(Iss. 2), p. 7 y Legerén-Molina, A. (2018). «Los contratos inteligentes en España. La disciplina de los Smart contracts». Revista de Derecho Civil, vol. V., núm. 2, abril-junio, p. 218. En el mismo sentido, cítese a Thomas, R. (2017). «Blockchain's incompatibility for use as a land registry: issues of definition, feasibility and risk», European Property Law Journal, pp. 371 y 374.

inmueble se otorguen mediante escritura pública y se eleven a público ante el Registro de Propiedad.

Dicho en otros términos, al igual que una TRD es un registro jurídico de fichas de inversión, una TRD podría no tener la misma categoría ni surtir los mismos efectos que un registro jurídico[29] como podría ser el Registro de la Propiedad.

Por ende, es preciso disgregar dos cuestiones distintas[30]: (i) la exigencia constitutiva de la forma y, correlativamente, la oponibilidad *erga omnes* del derecho inscrito como sucede, por ejemplo, en la compraventa inmobiliaria y (ii) la publicidad y transparencia de una transacción.

Así, mientras que la primera se entenderá cumplida allí donde se cumpla la exigencia de la forma toda vez que ésta resulte preceptiva, esto es, cuando se haya constituido la operación en escritura pública y se produzca su inscripción registral; la segunda podrá cumplirse antes o después, pues, al tratarse de una red permisionada, la transacción será identificable mediante la correspondiente clave pública por cualquiera, lo que no necesariamente implicará, insistimos, que el contrato inmobiliario surta efectos reales.

Dicho, en otros términos, la *traditio*, en las NFTs inmobiliarias, en particular, cuando se trate de donaciones de bienes inmuebles, así como constitución de hipoteca, seguirá siendo instrumental, y se configurará a través de la escritura pública, no pudiendo suplantar tal función un Smart contract[31].

Finalmente, y, si bien ya hemos hecho extensa alusión a la cuestión en el precedente Capítulo, debemos tener en cuenta que, en caso de que las NFTs sean fraccionadas, el titular real del bien solamente lo será si adquiere todas las NFTs que representen el mismo bien inmueble[32].

---

[29]   Sieira Gil, J. / Gómez-acebo campuzano, J., «Tokenización de activos físicos», p. 8.

[30]   OCDE. (2020). «The Tokenization of Assets and Potential Implications for Financial Markets», de 17 de enero de 2020.

[31]   Arrieta Sevilla, L. J., «El uso de tokens», p. 99.

[32]   Este supuesto ya ha sido planteado de antaño ante la Sala 1.ª del TS en donde el Alto Tribunal vino a reconocer la propiedad a los adquirentes de unas particiones sociales en las que se dividía la propiedad de un local social (STS (Sala 1.ª) de 26.06.2008 (RJ 3301; FJ 2).

b. *Buena fe registral*

Existen también particularidades importantes en lo atinente a la buena fe registral cuando hablamos de la transmisión de una NFT inmobiliaria. Y, es que, en este caso, el tercero solamente quedará protegido por la fe pública registral (art. 34 LH en caso de compraventa inmobiliaria y art. 8 RRM en sede del derecho societario) cuando, de buena fe, se inscriba su derecho en el correspondiente Registro *ad hoc*.

Por ende, la protección que ofrece art. 11 LMVSI cuando presume la buena fe del transmitente no resulta predicable en los mismos términos para las NFTs inmobiliarias: como, al ser más específica, prevalece la regulación de la normativa hipotecaria sobre la genérica regla contenida en la LMVSI, la protección del adquirente es más tardía en este caso, pues comienza únicamente con la inscripción del derecho en el Registro y al tiempo en que quede registrado en la TRD, algo que necesariamente sucederá antes.

Otra cosa es que, como solución a este problema, se implanten medidas de supervisión notarial[33] que permitan dar validez y vigencia de aquello que se inscribe mediante metadatos[34]. Sería, pues, una medida análoga a la inmatriculación que permitiría dotarle a la NFT la misma protección que la LH y normativa concordante.

C. *Tracto sucesivo*

Expuesto cuanto antecede, debemos afirmar que, en el caso de los criptoactivos representativos que no sean NFTs inmobiliarios como las fichas de inversión, el tracto sucesivo (art. 20 LH) opera de *iure* con la sola transmisión del criptoactivo a través de la red.

Ello es así por cuanto que la TRD, por su diseño, no permite transmitir un criptoactivo a un tercero si el emisor no es, según la cadena de bloques, el último adquirente.

---

[33]   BOLDÓ RODA, C. (2020). «Cadenas de bloques y Registros de derechos», Revista Aranzadi de Derecho y Nuevas Tecnologías, núm. 53, p. 34.

[34]   SIEIRA GIL, J. / GÓMEZ-ACEBO CAMPUZANO, J. (2019). «Blockchain, tokenización de activos inmobiliarios y su protección registral», Revista Crítica de Derecho Inmobiliario, año núm. 95, núm. 775, p. 2314.

Por ende, aunque el tracto sucesivo se exija en el plano jurídico y no en la esfera digital[35], realmente en ambos planos el tracto sucesivo operará al mismo tiempo.

Sin embargo, en las NFTs inmobiliarias es perfectamente posible, de hecho, así sucede a menudo cuando hablamos del soporte papel, que el titular registral no coincida, en realidad, con el titular dominical, bien porque existe una doble venta o venta de cosa ajena, o bien porque la compraventa se ha perfeccionado en documento privado, sin que haya sido nunca elevado a público.

En estos casos, si bien la interrogante sobre la protección del tercer adquirente de buena fe queda resuelta *ex* art. 34 LH y no genera duda, debemos plantearnos qué sucede cuando, existiendo una doble venta a través de una TRD, se pretende determinar cuáles son los derechos concretos atribuibles al adquirente que no hubiera inscrito primero su derecho en el Registro.

Pues bien, aplicando analógicamente lo dispuesto en el art. 1473.II CC en relación con lo dispuesto en los arts. 1124 y 1303 CC, lo lógico sería que el adquirente que no hubiera inscrito su derecho pudiera solicitar la restitución del precio abonado junto con los demás perjuicios sufridos. Por el contrario, en el caso de que solamente se hubieran abonado arras y éstas tuvieran carácter penitencial, podría solicitar la devolución de lo abonado, por duplicado (art. 1454 CC).

Como solución a este problema, se podría inscribir en el folio registral que el inmueble se encuentra representado a través de una NFT ya que se viene entendiendo[36] que la forma de representación digital es una circunstancia a la luz de lo dispuesto en el art. 9 LH en relación con lo dispuesto en el art. 51 RH.

Ahora bien, para que la forma de representación mediante una NFT sea inscribible como circunstancia en el folio registral, no bastaría con la mera manifestación del transmitente respecto de la forma en la que se represente

---

[35] ARRIETA SEVILLA, L. J., «El uso de tokens», p. 109.

[36] SIEIRA GIL, J. / GÓMEZ-ACEBO CAMPUZANO, J. (2019). «Blockchain, p. 2293. En el mismo sentido, ARGELICH COMELLES, C (2021). «Hacia una smart property inmobiliaria: tokenización, internet of things y blockchainización registral», *Dereito: Revista xurídica Da Universidade De Santiago De Compostela,* 30 (1), p. 12. Disponible en: https://doi.org/10.15304/dereito.30.1.7115 (fecha de consulta: enero de 2025).

el inmueble, sino que sería preciso, además, que se especifique 37: (i) que el título traslativo es susceptible de inscripción; (ii) identifique la clave criptográfica pública de acceso en la red, (iii) señale cuál es la plataforma concreta de negociación y (iv) que el titular registral y el emisor del criptoactivo sea la misma persona.

De la misma forma, y al menos mientras que la circunstancia de la inscripción del inmueble mediante TRD no deba inscribirse obligatoriamente en el Registro, no resulta lógico que al adquirente de buena fe se le exija que consulte en la TRD si el inmueble que pretende adquirir aparece o no digitalmente representada y, si, además, éste ha sido objeto de transmisión 38.

Lo anterior quiere decir que el hecho de que no se haya consultado por el nuevo adquirente el registro del criptoactivo en la TRD no exime, por sí sola, la tutela ofrecida por los arts. 1473 CC y 34 LH.

D.   *Criptoactivos nativos*

Los criptoactivos nativos plantean menos problemas a la hora de determinar cuándo se entiende realizada la transmisión y, es que, al no representar ningún activo subyacente, no es preciso tener en cuenta el cumplimiento de ninguna norma *ad hoc* más allá de la LMVSI y del CC para que se cumplan los presupuestos del título y del modo.

Así, como sucede con los criptoactivos representativos salvo las que sean NFTs inmobiliarias, debemos entender que el modo se cumple al tiempo en que se inscriba la operación en la TRD, siendo el legítimo poseedor aquel que disponga de las claves privadas, cuya buena fe se presume, en principio, *iuris tantum*, por la estricta aplicación de lo dispuesto en el art. 11.1 LMVSI.

Ello no obstante, si bien en el supuesto anteriormente descrito la adquisición sea derivativa, debe tenerse en cuenta que, cuando hablemos del minaje de un criptoactivo nativo, su adquisición será originaria.

En efecto, el sistema digital de «minar» o crear, mediante complejas fórmulas algorítmicas, un criptoactivo en la red sería una forma de adquisición de la propiedad originaria, pues se trataría de una forma digital de adquirir la

---

37   ARRIETA SEVILLA, L. J., «El uso de tokens», p. 103.
38   *Ibidem*, p. 109.

propiedad mediante la «ocupación» a través de la inscripción del criptoactivo en la red (art. 609.1 CC)[39].

IV. LOS CRIPTOACTIVOS Y LA FRUSTRACIÓN DEL CONTRATO

1. Las *security tokens*, las *payment tokens* y las fichas de consumo

Como se ha avanzado, no plantean en este punto muchos interrogantes las fichas de inversión, ni tampoco las fichas de pago.

Así es, como se ha indicado *ut. supra.*, estos criptoactivos, tanto si son representativos como si son nativos, son fungibles y genéricos, por lo que la obligación nunca se tornará imposible a la luz de lo dispuesto en el art. 1182 CC.

Ahora bien, si bien es cierto que la entrega de un criptoactivo -salvo que sea una NFT- nunca se convertirá en imposible, no los es menos que, a menudo, la prestación devendrá excesivamente onerosa.

Tal es el caso, por el ejemplo, de los criptoactivos volátiles como el Bitcoin, en donde su valor fluctúa considerablemente con el paso del tiempo.

Al respecto, la jurisprudencia tanto de la Sala Segunda del Tribunal Supremo como de la jurisprudencia *menor*, se han pronunciado sobre la forma en la que procede efectuar la entrega de los Bitcoin al hilo de la comisión –bastante habitual- de delitos de apropiación indebida y de estafa, en donde, como pieza separada, se suele resolver sobre la responsabilidad civil derivada *ex delicto*.

En este contexto, la mayoría de los órganos jurisdiccionales optan, aplicando el principio de *restitutio in integrum*, por la opción del cumplimiento por equivalente en lugar del cumplimiento *in natura* y, ello, pese a la dicción literal de lo dispuesto en el art. 1170.1 CC, así como lo dispuesto en el art. 111 CP, aplicable únicamente en el ámbito penal[40].

---

[39]   NAVAS NAVARRO, S., «Un mercado», p. 113.

[40]   La excepción la encontramos en la SAP de Murcia de 14.07.2020 (JUR 264175), en donde se optó, como forma de resarcir al perjudicado, por el cumplimiento in natura como forma preferente de cumplir la obligación. En este caso, con engaño bastante, el reo aparentemente vendió un aparato a cambio de su valor dinerario en Bitcoins. Tras dar por probado la comisión del delito de estafa por haberse quedado con los Bitcoins y, en cambio, jamás remitir el aparato al perjudicado, la Audiencia Provincial, aplicando el sentido literal

Por tanto, el perjudicado será indemnizado por el valor equivalente a aquél que tenía el criptoactivo al tiempo de la comisión del delito, lo cual resulta ser coherente con el criterio nominalista que impera en el sistema español.

Particularmente interesante resulta, en este punto, la Sentencia núm. 26/2019 de 20 de junio de 2019 (Rec. 998/2018) de la Sala de lo Penal del Tribunal Supremo, en donde la Sala vino a aplicar un factor corrector adicional al importe que tenía el Bitcoin al tiempo de la operación para resarcir íntegramente al perjudicado[41]:

> «Por más que la prueba justificara que el contrato de inversión se hubiera hecho entregando los recurrentes bitcoins y no los euros que transfirieron al acusado, el Tribunal de instancia no puede acordar la restitución de los bitcoins, siendo lo adecuado reparar el daño e indemnizar los perjuicios en la forma que se indicó en la sentencia de instancia, esto es, retornado a los perjudicados el importe de la aportación dineraria realizada (daño), con un incremento como perjuicio que concreta en la rentabilidad que hubiera ofrecido el precio de las unidades bitcoin entre el momento de la inversión y la fecha del vencimiento de sus respectivos contratos».

Como se puede observar, dicho factor corrector no es más que el lucro cesante, esto es, la ganancia que el perjudicado dejó de obtener y que hubiera obtenido de no haberse cometido el delito. Sin embargo, debe matizarse que dicho lucro cesante ha de consistir en el valor de cotización que tuviera el criptoactivo al tiempo de la comisión del delito, sin que quepa realizar un cálculo con base en expectativas futuras no acreditadas[42].

Ahora bien, en algunas ocasiones es imposible saber cuál es la cuantía exacta que tenía cada criptoactivo al tiempo de la comisión del delito. En dichos supuestos, la jurisprudencia opta por calcular el valor medio que tenía

---

del art. 111 CP concluyó que el reo debía devolver los Bitcoins. Sin embargo, como la entrega resultaba imposible, se acabó optando por el cumplimiento por equivalente.

[41]   Debe matizarse, sin embargo, que en el supuesto de hecho que dio lugar a la citada Sentencia, el autor del delito no dispuso de los Bitcoins en los que invirtieron los perjudicados, sino del dinero en euros que éstos valían al tiempo de la apropiación indebida, siendo éste el motivo por el cual el Alto Tribunal dictaminó que debía entregarse el equivalente dinerario que tenían los Bitcoins al tiempo del a comisión del delito, más el lucro cesante.

[42]   AN (Sala de lo Penal, Sección 3.ª) Auto 618/2022 de 30.11. 2022 (Rec. 603/2022).

cada criptoactivo al tiempo de la operación y multiplicarlos por el núm. de criptoactivos adquiridos[43].

Con todo, lo cierto es que los tribunales vienen a indemnizar tanto el daño emergente[44], como el lucro cesante, en recta aplicación de lo dispuesto en el art. 110 CC.

En lo atinente a las fichas de consumo, en términos generales, se seguirá aplicando el principio *genus nunquam perit*, ya que el servicio adicional que se le presta al emisor a favor del adquirente no suele ser, genéricamente, personalísima.

Sin embargo, en el caso de que el servicio fuera *intuitu personae*, sí sería posible aplicar la regla del art. 1182 CC pues la obligación se tornaría de imposible cumplimiento, lo que sucederá cuando la cosa *«perece, queda fuera del comercio o desaparece de modo que se ignora su existencia, o no se puede recobrar»* (art. 1122.2.ª 2 CC).

Debe matizarse en este punto que el carácter personalísimo del servicio se refiere al objeto de la prestación debida, pues si el servicio es genérico, aunque se ofrezca nominativamente a una persona, por ejemplo, con finalidades de captación de clientela, seguirá rigiendo el principio *genus nunquam perit*.

Otra cuestión que ha de tenerse en cuenta es que, nuevamente, el carácter específico del criptoactivo se predica de su contenido, no así respecto de su forma de representación. Ello es así por cuanto que, un criptoactivo, como representación digital de un valor, no puede perecer, ni destruirse, ni quedar fuera del comercio ni mucho menos desaparecer, pues al ser un conjunto de datos, es un bien fungible y, como tal, intercambiable.

En fin, retomando el hilo anterior, si la cosa específica pereciera una vez perfeccionada la obligación, pero sin que aún ésta fuese ejecutada, deberá tenerse presente el contenido de los arts. 701 y 712 LEC.

En efecto, en el caso de que el acreedor, una vez instado el correspondiente procedimiento declarativo, fuera titular de un título ejecutivo, para satisfacer su crédito podrá optar en sede de un procedimiento de ejecución por cualquiera de las siguientes opciones dependiendo del tipo de obligación, a saber:

---

[43]   AP de Álava (Sección 2.ª) Sentencia 4/2021 de 15.01.2021 (Rec. 28/2020).

[44]   *vid..* SÁNCHEZ RUIZ DE VALDIVIA, I. (2020). «Blockchain e inteligencia artificial: dos tecnologías que convergen e impactan en la economía y el derecho», en SÁNCHEZ RUIZ DE VALDIVIA, I. (Dir.), *Blockchain: impacto en los sistemas financiero, notarial, registral y judicial,* Aranzadi, Cizur Menor, p. 131.

1. Obligación de dar personalísimo: el ejecutante podrá solicitar al letrado de administración de justicia a que el ejecutado ponga la cosa debida en posesión del acreedor o, en el caso de que éste no fuera posible, o que interrogue al ejecutado o a terceros para conocer cuál es el lugar en el que se halla (art. 701 apartados 1 y 2 LEC). Ahora bien, esta posibilidad se torna difícil en la práctica si el deudor no colabora con la administración de justifica para restituir la cosa debida, especialmente porque, a no ser que hayan sido sustraídas, quien custodia las claves privadas de acceso del criptoactivo es el propio ejecutado[45].

2. Obligación de hacer personalísimo: el ejecutante podrá elegir entre solicitar al letrado de administración de justifica a que el ejecutado cumpla la obligación de hacer bajo apercibimiento de que se imponga una multa por cada mes (art. 711 LEC) o, por el contrario, optar por una compensación económica, en el caso de que el cumplimiento tardío no satisfaga su crédito (art. 709.1 LEC).

De cualquiera de las maneras, debe tenerse presente que, tanto si la obligación es de dar como si es de hacer, en caso de que no se cumpla la obligación inicialmente pactada, se prevé la conversión de la obligación específica en una obligación genérica de dar el equivalente pecuniario (art. 712 LEC).

Eso sí, la conversión de la obligación específica en una obligación pecuniaria, como se ha podido observar, no es automática[46], sino que solamente opera de *iure* una vez que cumplir la obligación *in natura* sea imposible.

2. Las NFTs

A diferencia del resto de los criptoactivos, a todas las NFTs les será de aplicación lo dispuesto en el art. 1182 CC, y ello por cuanto que el bien o servicio subyacente siempre tendrá carácter específico, singular y no fungible.

Ello, eso sí, siempre y cuando la cosa perezca por culpa del deudor (art. 1122.2.ª 1 CC), extremo que se presume *iuris tantum* (art. 1183 CC).

---

[45]   Nadal Gómez, I. (2021). «Ejecución forzosa y blockchain. Panorámica general con especial atención a las monedas virtuales», Revista Jurídica del Notariado, ISSN 1132-0044, núm. 112, p. 362.

[46]   Navas Navarro, S., «Un mercado», p. 107.

En cuanto a las NFTs que no sean inmobiliarias, con la finalidad de evitar reiteraciones innecesarias, nos remitidos a lo ya señalado *ut supra*. respecto de las obligaciones de dar y de hacer personalísimas.

Respecto de los *tokens* inmobiliarios, deberá tenerse presente que serán de aplicación las reglas específicas del art. 703 LEC.

Por ende, deberán tenerse en cuenta, adicionalmente, aspectos como, por ejemplo, si la vivienda objeto de entrega se encuentra habitada y, en caso afirmativo, si quien la vaya a desalojar ha irrogado daños, los cuales se cuantificarían en pieza separada.

Finalmente, debe tenerse presente que, al igual de lo que sucede con las obligaciones de dar y de hacer específicas, la imposibilidad de entregar el inmueble en concreto se resarce por el cumplimiento por equivalente (art. 712 LEC).

Ello no obstante, se antoja más difícil en la práctica encontrarnos ante un supuesto en el que el lanzamiento del inmueble se torne jurídica o fácticamente imposible.

III. LOS EFECTOS DEL PAGO: LA DACIÓN DE PAGO

El pago, en su sentido lato, es aquella acción u omisión (que podrá consistir en dar, hacer o no hacer; art. 1089 CC) que extingue la deuda (art. 1156 CC), satisface el crédito del acreedor (art. 1157 CC) y libera al deudor (arts. 1164, 1170, 1175 y 1176 CC).

En cuanto a los efectos del pago, no debe olvidarse que en el derecho español la novación no se presume (art. 1203 CC) por lo que nace la interrogante sobre los efectos que cabe anudarle al pago hecho mediante un criptoactivo y, en particular: si la dación debe entenderse *pro soluto*, esto es, que el pago se realice mediante la entrega del dinero o de la especie pactada y es liberatorio *ex lege* o *ex contractus*; o, por el contrario, debe desplegar efectos *pro solvendo*, es decir, que el pago se entienda hecho cuando se realice el derecho que incorpora o representa el criptoactivo, con independencia del momento de la entrega del criptoactivo. Como veremos a continuación, los efectos *pro solvendo*, al menos que exista pacto en contrario, solamente se surtirán cuando el criptoactivo en cuestión opere como un crédito frente el emisor, lo que únicamente podrá suceder cuando el criptoactivo sea representativo.

Pues bien, para poder esclarecer la cuestión, nuevamente debemos referirnos al tipo de criptoactivo objeto de entrega, pues, la respuesta dependerá en función de la tipología específica de cada criptoactivo.

Al margen de lo anterior, lo cierto es que la autonomía de la voluntad (art. 1255 CC) va a ser la pieza angular que permitirá determinar cuándo el pago realizado a través de un criptoactivo desplegará efectos pro soluto y, cuándo, en cambio será pro solvendo[47] y se entenderá por ende extinguida la obligación con su mera realización.

Sin embargo, debe advertirse que la autonomía de la voluntad, al menos del adquirente, se encontrará a menudo viciada y, es que, los contratos que soportan las operaciones con criptoactivos son contratos de adhesión en donde predomina la predisposición y la imposición, luego resulta difícil pensar cuándo el adquirente-adherente va a poder determinar si los efectos que cabe anudarle al pago han de ser *pro soluto* o *pro solvendo*.

En cambio, sí podrá el predisponente ejercer su facultad, como (única) parte dominante en la preredacción del contrato, de determinar los efectos del pago efectuados mediante criptoactivos allí donde los efectos no vengan impuestos por ley.

1. Las fichas de dinero electrónico

Si el pago se realiza a través de un *e-money token*, parece que la respuesta es clara: como las fichas de dinero electrónico no son más que un crédito frente al emisor en tanto que son representaciones digitales, concretamente representaciones TRD, de dinero *de curso legal*, el pago realizado a través de él se entenderá *pro solvendo*[48]. Dicho, en otros términos, como las EMTs son dinero *fiat* tokenizado[49], lo suyo es que los efectos que cabe anudarle al pago hecho a través de ellas deban ser idénticos al pago realizado mediante tarjeta de crédito.

Ello es así por cuanto que las fichas de dinero electrónico son un signo que representa el dinero (art. 1170.2 CC), como sucede con el tradicional sistema cartular o, más modernamente, con el dinero electrónico, en donde éste se consagra como un mero instrumento de pago o para el pago.

De hecho, y, más allá de lo que se pueda establecer en el contrato respecto de los efectos que caben atribuirles a las EMTs, lo cierto es que

---

[47]   Navas Navarro, S., *Un mercado*, p. 108.
[48]   Mateo Hernández, J.L., *Dinero electrónico*, p. 383.
[49]   Pastor Sempere, M.ª C., *Stablecoins*, p. 291.

éstas, por su naturaleza, tendrían encaje en lo dispuesto en el art. 34.3 b) del Real Decreto-Ley núm. 7/2021, de 27 de abril[50] cuando señala que son medios de pago 51 *«los efectos negociables o medios de pago al portador»* que son *«aquellos instrumentos que, previa presentación, dan a sus titulares el derecho a reclamar un importe financiero sin necesidad de acreditar su identidad o su derecho a ese importe».*

Por ende, al ser una forma más a través de la cual el deudor entrega el objeto de la prestación debida al acreedor, dígase, dinero *de curso legal*, los efectos que deben atribuirse al pago realizado de esta forma han de considerarse *pro solvendo*.

2. Las fichas referenciadas a activos

Las fichas referenciadas a activos son las que mayores problemas plantean, precisamente porque las ARTs, por su amplia definición a la luz de MiCA, pertenecen a una categoría que opera en la práctica como un cajón de sastre y que, en fin, puede englobar múltiples tipos de criptoactivos, tanto los que sean representativos como los que sean nativos.

Así las cosas, nuevamente debemos determinar cada subtipo específico de ART para poder determinar cuáles son los efectos jurídicos que procede atribuir al pago hecho mediante su entrega.

A. *Monedas estables o «criptomonedas» representativas*

De conformidad con lo dispuesto en el art. 34.3 a) del Real Decreto-Ley 7/2021, cabría atribuir al pago hecho mediante monedas estables representativas efectos *pro soluto*.

---

[50]   Real Decreto-ley 7/2021, de 27 de abril, de transposición de directivas de la Unión Europea en las materias de competencia, prevención del blanqueo de capitales, entidades de crédito, telecomunicaciones, medidas tributarias, prevención y reparación de daños medioambientales, desplazamiento de trabajadores en la prestación de servicios transnacionales y defensa de los consumidores (BOE-A-2021-6872).

[51]   La expresión utilizada por el Real Decreto de «medio de pago», por el sentido en que se utiliza, es desafortunada, puesto que un título al portador no es más que un sustituto del dinero que opera como una forma específica de hacer llegar el objeto de la prestación por parte del deudor al acreedor. Por ende, no es un medio de pago, sino un instrumento de pago o para el pago.

En efecto, ello es así por cuanto que las monedas estables serían, siempre y cuando representen el euro o cualquier otra moneda *de curso legal*, «*moneda nacional o extranjera*»[52], conclusión que no sólo cabría alcanzar en recta aplicación del citado precepto sino también en aplicación de la analogía (art. 4.1 CC) o incluso por una interpretación social del art. 1170 CC (art. 3.1 CC) ya que podría interpretarse que el concepto del dinero no sólo tendría que englobar la noción estrictamente normativista sino que también deberían tener tal consideración aquellos medios de pago que operen económicamente como dinero aun no siéndolo[53].

En otros términos, las monedas estables no son sino un medio de pago y, por ende, el pago hecho a través de su entrega, a la luz de lo dispuesto en el art. 1170.1 CC, constituye «*la especie pactada*» pues no deja de ser sino dinero de emisión privada.

De la misma manera, si el activo representado, aunque estable, no consistiera en dinero *de curso legal*, nacional o extranjera, sino que fuera una materia prima, en tal caso también hablaríamos de medio de pago y, por ende, se seguirían desplegando efectos *pro soluto*. Sin embargo, en este caso el pago realizado tendría encaje en lo dispuesto en el art. 34.3 d) del Real Decreto-Ley 7/2021 cuando señala que son medios de pago «*las materias primas utilizadas como depósitos de valor de gran liquidez, como el oro*».

B. *«Criptomonedas» puras o «criptomonedas» estables algorítmicas*

A diferencia de las monedas estables, los efectos que cabe atribuir a las **«criptomonedas»** estables algorítmicas no constituye una cuestión pacífica, a saber:

En primer lugar, porque ni si quiera hay consenso respecto de si realmente son ART o, si realmente, por una interpretación teleológica de MiCA (Considerando 11), no deben considerarse como fichas de pago y, por tanto, han de regularse por el Título II.

---

[52]   El canje o conversión de estas ARTs representativas requiere del cumplimiento de las exigencias previstas en la Ley 19/2003, de 4 de julio, sobre régimen jurídico de los movimientos de capitales y de las transacciones económicas con el exterior.

[53]   Navas Navarro, S., *Un mercado*, p. 108.

En segundo lugar, por cuanto que no hay consenso sobre si realmente las «criptomonedas» estables algorítmicas operan como signo que represente al dinero, en cuyo caso serían la especie pactada (art. 1170.1 CC)[54] o, por el contrario, no pueden tener tal condición en tanto que, en recta aplicación del criterio normativo, el dinero es el único medio de pago posible, pues es el único que goza de la sanción estatal[55].

Así, en el primero de los casos, los efectos que cabrían atribuirles a las **«criptomonedas»** puras serían los propios del *pro soluto* mientras que, en el segundo supuesto, solamente cabrío hablar de efectos *pro solvendo*.

Pues bien, creemos que, a pesar de no ser estables en cuanto a su valor, los efectos que, salvo pacto en contrario y por defecto, cabe anudar al pago hecho mediante «criptomonedas» puras ha de ser, al menos *ex lege*, *pro soluto*.

Y, no solamente porque por su naturaleza jurídica las **«criptomonedas»** puras anhelen operar económicamente como dinero privado y no como su mero sustituto, sino porque encontrarían encaje en lo dispuesto en el art. 34.3 c) del Real Decreto-Ley 7/2021 y, en particular, en la definición de tarjeta prepago, *«entendiendo por tales aquellas tarjetas no nominativas que almacenen o brinden acceso a valores monetarios o fondos que puedan utilizarse para efectuar pagos, adquirir bienes o servicios, o para la obtención de dinero en metálico, cuando dichas tarjetas no estén vinculadas a una cuenta bancaria».*

En efecto, no sería descabellado concluir[56] que el pago realizado mediante una **«criptomonedas»** pura se asemejara a un pago hecho mediante una tarjeta prepago que no esté vinculada a una cuenta bancaria y, es que, las **«criptomonedas»** se transmiten a través de *wallet* o monederos electrónicos que operan mediante un sistema TRD y que no guardan ninguna vinculación con ninguna cuenta bancaria.

---

[54]   *Ibidem.*

[55]   El argumento que se emplea para negar que las «criptomonedas» estables algorítmicas no puedan desplegar efectos *pro solvendo* se encuentra en que los «signos» que representa el dinero son numerus clausus (art. 1170.2 CC), y, como tal, al no tener encaje en ninguna de las formas de representación descritas *ex lege*, no podrían desplegar los efectos propios ni del dinero. *vid.* LLOPIS BENLLOCH, J. C. / FERNÁNDEZ-BRAVO FRANCÉS, L. (2020). *Blockchain*, pp. 530-533 y ARRIETA SEVILLA, L. J., «El uso de tokens», p. 96.

[56]   Éste es el criterio seguido por PASTOR SEMPERE, M.ª C., «StableCoins», p. 294.

De hecho, el propio tratamiento fiscal[57] que se le han otorgado a **«criptomonedas»** puras estables como las BTCs es el propio de la divisa extranjera, luego lo lógico es anudar al pago hecho a través de ellas los mismos efectos que a los medios de pago en especie o el pago hecho mediante moneda extranjera: los efectos *pro soluto*.

3.   Las fichas de inversión

Tratándose de fichas de inversión representativas en donde la única diferencia con las tradicionales es que el valor negociable se encuentra representado en una TRD, lo coherente es que el pago se entienda *pro solvendo* ya que los títulos valor se erigen como *«signo»* que representa el dinero *ex* arts. 1170.2 CC y 34.3. b) del Real Decreto-Ley 7/2021.

Sin embargo, si el pago se realiza mediante una *security token*, por muy volátil que ésta pueda llegar a ser, los efectos que deberían anudarse a su entrega deberían ser pro soluto, y ello por cuanto que, tal y como hemos expuesto *ut supra.*, el criptoactivo operaría como «la especie pactada» *ex* art. 1170.1 CC. Ello, sin perjuicio de los efectos específicos pactados *ex contractus*.

4.   Las fichas de servicio y las NFTs

No tiene sentido hablar sobre el pago hecho mediante las fichas de servicio y las NFTs toda vez que éstas se emiten y se adquieren con carácter no financiero y, como tal, nunca representarán el dinero, ni operarán económicamente como tal.

Particularmente ilustrativa resulta aquí la doctrina relativa al pago y, es que, la mejor doctrina[58] viene entendiendo que solamente cabe hablar del

---

[57]   Como ya aludimos en el Capítulo IV, el TJUE prevé una exención del IVA a los pagos hechos mediante «criptomonedas» puras estables pues, fiscalmente, estos criptoactivos se equiparan a la divisa extranjera. Por todas, *vid.*, STJUE (Sala 5.ª) de 12.06.2014 (TJCE\2014\204).

[58]   LACRUZ BERDEJO, J.L. (1988). *Elementos de Derecho Civil II, Derecho de Obligaciones*, 2.ª ed., Bosch, Barcelona, p. 185 afirme que *«para denominar la realización de una prestación de servicios o la simple abstención en una obligación de no hacer»*.

mismo cuando la obligación de dar sea dineraria, pero no cuando el bien objeto de entrega sea cualquier cosa distinta al dinero.

5. Las CBDCs

Es el único supuesto actualmente en nuestra doctrina en donde por ministerio de la ley, el pago hecho mediante una CBDC deba entenderse imperativamente *pro soluto*, pues en la práctica produce idénticos efectos solutorios que los que despliega la entrega de la cantidad debida en dinero metálico: plena liberación del deudor y extinción *ipso iure* de la deuda.

De la misma manera y, aunque en el derecho español y, en general, en el resto de los ordenamientos del derecho comparado solamente el pago mediante las CBDCs surte efectos solutorios *ex lege*, en el caso de El Salvador también surtiría los mismos efectos la entrega por parte del deudor de los BTCs y, es que, dicho país es el único en donde los BTCs se consideran dinero *de curso legal*.

Capítulo III
DERECHO DE CONTRATOS

Si la naturaleza jurídica de los criptoactivos no es omnicomprensiva para todos, tampoco podrá tener tal carácter unívoco el contrato que vehiculice la operación.

Por ende, las funciones y la finalidad del criptoactivo será la pieza angular que determinará no solo su naturaleza, sino también el tipo de contrato que se suscribirá a través de su entrega.

Sin embargo, antes de comenzar a analizar los distintos tipos contractuales en atención a la naturaleza del criptoactivo objeto de la prestación debida, debemos hacer necesariamente una referencia a los denominados Smart Contracts.

Un Smart Contract se caracteriza por ser un *«protocolo de transacción computerizado que ejecuta los términos de un contrato»*[1] pero no necesariamente ha de consistir en un negocio jurídico, pues la característica que le es propia no es el acuerdo libre de voluntades, sino un conjunto de promesas en los que *«se ejecutan con programas en una red informática o en otras formas de electrónica digital»*[2].

---

[1] Szabo, N. (1994). *Smart Contracts*. Disponible en: http://szabo.best.vwh.net/ smart.contracts.html (fecha de consulta: enero de 2025).

[2] Szabo, N. (1995). *Smart Contracts Glosary*. Disponible en: http://szabo.best.vwh. net/smart_contracts_glossary.html (fecha de consulta: enero de 2025).

Por ende, aunque la traducción literal de un Smart Contract sea «contrato inteligente», la expresión induce a error[3], teniendo en cuenta que (i) el hecho de que se haya suscrito un contrato de estas características no significa, *per se*, que se vayan a ejecutar de forma automática las prestaciones derivadas del contrato, ni tampoco (ii) implica que deba ser inteligente como tal, pues no todos los contratos están dotados de instrucciones preprogramadas por inteligencia artificial, motivo por el cual se alude al término *«dumb contract»* para subrayar esta realidad.

De la misma forma, dos son las acepciones de un Smart Contract: una jurídica, y otra tecnológica. Se alude, en este sentido, a la expresión *contracware* como término que engloba ambas perspectivas, que podrá darse cuando el Smart Contract sea la representación de los términos de un contrato de distintas máquinas que intervengan en su ejecución[4].

Así, desde una perspectiva tectológica, un Smart contract no es más de un conjunto de datos informáticos prediseñados para ejecutar determinadas instrucciones. Es, en definitiva, un software conformado por códigos alfanuméricos, de ahí que en argot se les llame como *Smart contract code*[5].

Desde un prisma jurídico o legal, sin embargo, el concepto es mucho más acotado[6], pues solamente tienen tal consideración aquellos contratos que bien representen un negocio jurídico subyacente o, por sí solos, cumplan las exigencias propias para que se perfeccione un contrato en sentido jurídico (art. 1161 CC) o, bien porque, aun no haciéndolo, al menos se ejecutan prestaciones que necesariamente han de tenerse en cuenta por el ordenamiento

---

[3]   LÓPEZ SÁNCHEZ, M. A. (2021). «Smart contracts» en *Tratado de Derecho digital.* VALPUESTA GASTAMINZA, E. M. / Hernández Peña, J. C. (Coords.), Wolters Kluwer-La Ley, versión digital La Ley, p. 7.

[4]   RANSKIN, M. (2017). «The Law and Legality of Smart Contracts», Georgetown Law Technology Review, p. 309. Disponible en: http://dx.doi.org/10.2139/ssrn.2842258 (fecha de consulta: enero de 2025).

[5]   STARK, J. (2016). «Making sense of blockchain smart contracts», Coindesk, 4 de junio. Disponible en: https://www.coindesk.com/markets/2016/06/04/making-sense-of-blockchain-smart-contracts/ (fecha de consulta: enero de 2025).

[6]   Se excluyen de esta categoría, por ejemplo, los *smart contracts* que tengan por finalidad únicamente cumplir funciones de enlace informático o llevar a cabo procesos de comunicación de datos.

jurídico[7]. En vista de lo anterior, es acertado el término «*Smart legal contract*» que se emplea para hacer alusión a esta acepción jurídica[8].

Con todo, un Smart contract no es una categoría contractual *ex novo*, sino que representa un negocio jurídico subyacente o un contrato perfeccionado sobre la red que cumple las exigencias necesarias para su perfección.

El único matiz, por ende, es la tecnología (el *software* y el *hardware*) que emplea para su funcionamiento y, es que, por su avanzada tecnología y por la irrevocabilidad de los datos que tanto le es característica, se dice que un Smart contract lleva implícita una renuncia de los contratantes a desviarse del *iter contractual* o, en fin, de las instrucciones predeterminadas que hubiesen sido impuestas[9]. Ello, sin perjuicio de que, una vez perfeccionado el contrato, cualquiera de las partes pudiera recabar el auxilio externo en el caso de que existiera una desviación de los términos pactados.

Así, lo cierto es que un Smart contract se distingue por ser un contrato que se ejecuta *ipso facto*, sin intervención (*self-execution*) y, sobre todo, sin interpretación más allá de la literalidad (*self-enforcement*).

La cuestión, si puede, se complica aún más a partir de aquí: tanto si un *Smart legal contract* opere como un contrato secundario que representara otro subyacente o, por el contrato, se constituya como un contrato primario nacido en la red, lo cierto es que dará lugar a que, subsiguientemente, se deriven otros *Smart contract codes*, esto es, meros acuerdos de ejecución de protocolos informáticos que se celebrarán automáticamente para ejecutar las prestaciones debidas (conocidos como *Machine to Machine - M2M contracts*).

Para resolver jurídicamente la cuestión, algunos han venido entendiendo que el contrato primario sería un precontrato del cual derivarían el resto, mientras que otros han sostenido el carácter independiente de cada negocio jurídico, de tal forma que uno es autónomo del resto y, así, sucesivamente.

Sea como fuere, lo cierto es que la disciplina que les será de aplicación a los Smart contract, como sucede con la normativa aplicable de los criptoactivos, dependerá de su naturaleza jurídica.

---

[7]   LÓPEZ SÁNCHEZ, M. A., «Smart contracts», p. 6.
[8]   STARK, J., «Making sense».
[9]   LÓPEZ SÁNCHEZ, M. A., «Smart contracts», p. 7.

Es desafortunada, por tanto, la idea de *«code is law»*[10] según la cual, inicialmente se sostenía que la normativa aplicable a los Smart contracts comenzaba y terminaba en el propio código informático que tecnológicamente los regulaba.

Y lo es por una razón: porque no da respuesta a problemáticas como, por ejemplo, la frustración de la prestación tras la ejecución del Smart contract por una doble venta derivada de una sustracción de las claves pertenecientes al adquirente.

Por tanto, a falta de una regulación *ad hoc* en el ordenamiento jurídico español[11] que venga a especificar el concreto régimen de este tipo de contratos, lo cierto es que éstos vendrán regulados fundamentalmente por la autonomía de la voluntad (art. 1255 CC) y por el principio de la libertad de forma, salvo determinadas excepciones.

En otros términos, la forma de los Smart contracts, como norma general, será irrelevante (arts. 1278 CC y 51 CdC) salvo determinadas excepciones en donde la forma será preceptiva como presupuesto *ad solemnitatem* (arts. 1280 CC y 52 CdC).

Sí es cierto, sin embargo, aunque no exista una norma *ad hoc* que regule específicamente a los contratos inteligentes, sí existen normas en el ordenamiento español que, aunque *ab initio* no estaban pensadas para ser aplicadas a este tipo de contratos pues su creación es anterior a su proliferación, sí pueden resultar ser de aplicación.

Nos referimos, en particular, a la normativa propia de la contratación electrónica (arts. 23, 24 y 29 LSSI), así como a la normativa propia del derecho de consumo, en donde existen particularidades en diferentes aspectos como en la venta a plazos de bienes muebles (art. 9 LVPBM), en el crédito al

---

[10]   Lessig, L. (2000). «Code is Law. On liberty in ciberspace», Harvard Magazine, enero. Disponible en: https://www.harvardmagazine.com/2000/01/code-is-law-html (fecha de consulta: enero de 2025).

[11]   Desde el derecho comparado y del, de momento, *soft law*, se apela a la necesidad de una regulación armonizada y *ad hoc* de los contratos inteligentes. Entre otras, Unidroit. (2020). «Exploratory work on legal issues related to the digital economy – reports of events», julio; Uncintral / Unidroit. (2019). «Summary report of the Discussion and Conclusions», Roma, 7 de mayo. En la misma línea, el Observatorio y Foro de la UE sobre Blockchain creado por la Comisión Europea en el año 2018 publicó su informe «Legal and regulatory framework of blockchains and Smart contracts» en el año 2019.

consumo (art. 10 Ley 22/2007, de 11 de julio, sobre comercialización a distancia de servicios financieros destinados a los consumidores), en la comercialización a distancia de servicios financieros destinados a los consumidores (art. 28 Ley 16/2011, de 24 de junio, de contratos de crédito al consumo).

De la misma manera, puede suceder que el criptoactivo en cuestión sea un criptoactivo representativo y que el negocio jurídico primero se suscriba en el mundo real. En tal caso, lo lógico es que se determine si el adquirente ha prestado libre y voluntariamente su consentimiento en el mundo real (arts. 1262.3 y 54.2 CdC).

En el caso de que el contrato subyacente también sea electrónico y se encuentre en soporte electrónico duradero (art. 23.3 LSSI)[12], deberán necesariamente tenerse en cuenta las exigencias propias sobre cuándo se entiende prestado el consentimiento, si de forma expresa, con sólo con un click en la plantilla (*click-wrapping*) o, de lo contrario, si de forma tácita, con la mera navegación del usuario en la web (*browse-wrapping*).

Adviértase que estas dos realidades paralelas (por un lado, el contrato subyacente y, por otro, el contrato inteligente) puede dar lugar a que existen divergencias entre ambas, cuestión que solamente se podrá solventar, en el caso de que las disidencias sean insalvables, al *remedio* de la novación extintiva (art. 1204 CC), y, en caso de que sean susceptibles de corrección, como novación modificativa (art. 1203 CC).

Esto no sucederá, por ejemplo, en negocios jurídicos que vehiculicen la transmisión de criptoactivos nativos como el BTC, ya que en este caso no existirá ninguna realidad subyacente.

Ahora bien, lo anterior no implica que los criptoactivos nativos no presenten dificultades a la hora de la forma de entender cuándo se ha perfeccionado el contrato y cuándo se ha ejecutado el mismo.

En cuanto a lo primero, parece ser que el contrato nacerá en el momento en que se suscriba criptográficamente por ambas partes, o, más exactamente, en el momento en que al adquirente utilice su clave criptográfica para aceptar la operación. En el caso de que la forma sea constitutiva (arts. 1218, 1279 y 1280 CC), el contrato nacerá al tiempo en que se cumpla el presupuesto

---

[12]   López Sánchez, M. A., «Smart contracts» en *Digitalización de actividades y contratos*, Valpuesta Gastaminza, E.M. (Dir.), p. 15 (versión digital).

ad solemnitatem, esto es, cuando se formalice la correspondiente escritura pública ante fedatario público.

Respecto a lo segundo, con carácter general, se entiende que el contrato se consumará al tiempo en que se produzca la inscripción de la operación en la cadena de bloques correspondiente como sucede con las anotaciones en cuenta, pues es una forma más de cumplir la *traditio* simbólica. La excepción a esta regla general, como se ha mencionado *ut supra.*, serían los supuestos en los que la forma es preceptiva, de tal forma que el contrato solamente producirá efectos reales cuando se inscriba la correspondiente escritura en el Registro.

Particularidades a un lado, en el derecho comparado existen ordenamientos jurídicos que sí disponen de una regulación al uso de los contratos inteligentes, entre otros el italiano, en donde según el Decreto Legislativo núm. 135/2018 reformado el 11 de febrero de 2019[13] la forma del contrato será constitutiva y requerirá que adopte la forma escrita previa verificación de los interesados por parte de la Agencia Digital Italia. Será necesario, además, una previa validación electrónica a través de la correspondiente firma electrónica.

I. LAS FICHAS DE PAGO

La naturaleza jurídica del contrato inteligente que vehiculizará este tipo de criptoactivos dependerá de si entendemos que el criptoactivo puede ser, al menos en su sentido funcional, un equivalente pecuniario, o, por el contrario, es un bien distinto al dinero.

Como no podía ser de otra manera, en el primero de los casos nos encontraríamos ante un auténtico contrato de compraventa, en el que se produce un intercambio de un bien, mueble o inmueble, por otro que sea «dinero» o «signo que lo represente» (art. 1445 CC); mientras que, en el segundo de los casos, nos encontraríamos ante un trueque o permuta, que se caracteriza por aquel negocio jurídico en donde se da una cosa para recibir otra (art. 1538 CC).

---

[13]   Decreto-Legge convertito con modificazioni dalla L. 11 febbraio 2019, n. 12 (in G.U. 12/02/2019, n. 36). Disponible en: https://www.normattiva.it/uri-res/N2Ls?urn:nir:stato:decreto.legge:2018-12-14;135 (fecha de consulta: enero de 2025).

De nuevo, la respuesta dependerá de la concreta naturaleza jurídica del criptoactivo objeto de intercambio.

Distinguiremos pues, los siguientes tipos de fichas de pago para poder dar una respuesta a cada caso concreto:

1. Fichas de pago representativas

A. *Las EMTs*

No parece que planteen grandes problemas las fichas de dinero electrónico toda vez que no son más que la representación, mediante TRD del dinero electrónico.

Así, teniendo en cuenta que las EMTs son un crédito frente al emisor y son un instrumento de pago que representa el dinero *de curso legal*, lo lógico es que el contrato celebrado tenga la misma naturaleza que aquél que se suscribe cuando se realiza el pago mediante, por ejemplo, una tarjeta de crédito: el contrato de compraventa (art. 1445 CC)[14].

En efecto, sin perjuicio de que el contrato que eventualmente suscriba el titular de la tarjeta con la entidad de crédito sea un contrato de préstamo (cosa que no existirá cuando hablamos de criptoactivos pues no hay ningún intermediario), el contrato que formaliza el titular de la tarjeta con el propietario del bien objeto de entrega es el de compraventa[15].

Así, siendo la única particularidad en el presente supuesto que, en lugar de la tarjeta de crédito, la forma de pago sea una EMT, no es coherente que al negocio jurídico se le dote una naturaleza jurídica distinta a la de la compraventa, pues, el objeto de intercambio es dinero *de curso legal*, ya sea moneda nacional, o (única) moneda extranjera[16].

---

[14]   Mateo Hernández, J.L., *Dinero*, p. 163 y p. 383.

[15]   Navas Navarro, S., *Un mercado*, p. 101.

[16]   Ello no obstante, existen voces que se alzan en contra de considerar que el dinero electrónico sea la representación digital del dinero *de curso legal*. Así, hay quien sostiene que el dinero electrónico debe considerarse como un título valor impropio o digital: por todas, Pastor Sempere, M.ª C., *Dinero*, p. 306 s.; mientras que hay quienes afirman que el dinero electrónico se incardina jurídicamente en la anotación en cuenta al ser un título valor desmaterializado, Camacho Clavijo, S. (2003). *La prenda de valores anotados en cuenta: constitución y efectos*, Tirant Lo Blanch, Valencia, p. 39 s.; Cortés García, E., *La* desmaterialización, p. 197 s.; Martínez-Echevarría y García Dueñas, A. *Valores*, p. 143 s.

Dicho, en otros términos, en recta aplicación del principio de equivalencia funcional[17], las EMTs, al igual que al dinero electrónico, deben considerarse, siempre que la moneda representada sea, en el caso de la UE, el euro, el carácter de dinero fiduciario corriente.

Por su parte, si la única moneda *de curso legal* representada es una moneda extranjera, en tal caso la EMT tendrá tal carácter (arts. 3.1.5 MiCA y art. 557.1 LEC) y, en consonancia, el contrato celebrado será el de compraventa con la particularidad de que el objeto de intercambio será la moneda extranjera y solamente se apelará a un cumplimiento por equivalente toda vez que la obligación no pueda cumplirse in natura (art. 1170.1 CC).

B. *Las ARTs*

La respuesta en este caso no es tan contundente ni omnicomprensiva que lo que sucede con las EMTs.

Y, es que, para que una ART lo sea, implica que ha de representar *«otro valor o derecho, o a una combinación de ambos, incluidas una o varias monedas oficiales»* (art. 3.1.6 MiCA).

Atendiendo lo anterior, una ART representativa operaría como una especie de divisa extranjera[18], por lo que el contrato que cabría anudarle a su transmisión debería ser el de compraventa[19] al tratarse de la *«especie pactada»* al que hace referencia el art. 1170.1 CC.

Dos son los argumentos que se emplean para sostener esta afirmación, a saber: (i) el primero es que, desde un punto de vista contable, según el Institución de Contabilidad y Auditoría de Cuentas[20], las ARTs serían «inmovilizado intangible»[21] siempre y cuando se encuentren vinculados de

---

[17] ILLESCAS ORTIZ, R. (2018). *Electronificación de los títulos valores*, 2.ª ed., Aranzadi, Cizur Menor. p. 39 s.

[18] MARTÍNEZ ÁLVAREZ, J. A. / CALVO GONZÁLEZ, J. L. (2009). *Banca y mercados financieros*, 2.ª Ed., Tirant Lo Blanch, Valencia, p. 213.

[19] NAVAS NAVARRO, S., *Un mercado*, p. 109.

[20] ICAC «Sobre el tratamiento contable de la emisión de criptomonedas», BOICAC núm. 120/2019, Consulta 4.

[21] Segunda parte, normas de registro y Valoración núm. 5.ª, Real Decreto 1514/2007, de 16 de noviembre, por el que se aprueba el Plan General de Contabilidad (BOE-A-2007-19884).

forma permanente a la empresa emisora, o bien tendrían la consideración de «existencias»[22] si están predestinados a la venta, pues en tal caso se terminarían transformando en disponibilidad financiera; (ii) el segundo argumento es que, desde una perspectiva funcional, las ARTs, al no estar fiscalizadas por ninguna autoridad central, no son canjeables en cualquier momento por dinero de curso legal, únicamente si las partes, de común acuerdo, acepten dicha conversión. Por lo general, las ARTs suelen ser convertibles por la misma ART objeto de intercambio, lo que hace que se asemejen, por su funcionamiento, a las divisas[23].

Ello no obstante, la mayoría de la doctrina, siguiendo el criterio normativo, viene negando esta posibilidad con base en que una ART no sería más que un bien «susceptible de propiedad», pero, desde luego, a falta de la sanción estatal, no podría considerarse dinero o signo que lo represente[24]. En su lugar, se aboga por considerar que el contrato suscrito a través de una ART sería el de la permuta.

2. Fichas de pago nativas: «criptomonedas» puras o «criptomonedas» estables algorítmicas

De conformidad con lo dispuesto en el Considerando 41 MiCA, debemos distinguir dos tipos de «criptomonedas» estables algorítmicas: (i) aquellos cuyo valor sea estable y (ii) aquellos cuyo valor sea volátil.

En el primero de los casos, el contrato que cabría anudarle a una operación con una ART de valor estable, como podría ser una *stable coin* o una GSC, sería el de compraventa y ello porque, en este caso, el ART operaría económicamente como un medio de cambio y, en fin, funcionaría como si se tratara de una divisa extranjero, luego podríamos entender que cumpliría las funciones del precio al que hace referencia el art. 1445 CC ya que permite que tal función no sólo sea llevado a cabo por el dinero *de curso legal* sino también por un «signo que lo represente».

---

[22]   *Ibidem.*

[23]   Brun, X. / Elvira, O. / Puig, X. (2008). *Mercado de renta variable y mercado de divisas*, Profit, Bresca editorial, Barcelona, p. 159.

[24]   Miras Marín, N. (2019). «La determinación de la naturaleza jurídica del bitcoin a la luz de la reciente sentencia 326/2019 del Tribunal Supremo», Revista Aranzadi de Derecho y Nuevas Tecnologías, núm. 51, pp. 162 a 164.

Sin embargo, no alcanzamos la misma conclusión tratándose de ARTs algorítmicas volátiles y, ello, porque habría un requisito que estas ARTs no cumplirían para poder operar como un signo que representa el dinero: operar como una reserva o depósito de valor.

Así las cosas, estas ARTs *prima facie* se considerarían como un bien intangible susceptible de propiedad que en muchas ocasiones son adquiridas por sus titulares para su posterior reventa, esto es, se adquieren con fines de especulación, luego entendemos que estas ARTs se asemejarían más a un producto financiero más que al dinero en sentido económico.

Mas como bien se expone por la doctrina[25], las ARTs algorítmicas no estables tendrían una característica que impide que una ART sea considerado como un instrumento financiero (art. 2.1 a TRLMSI *in fine*): cumple funciones económicas de instrumento de pago, pues, a través de ellas, es posible adquirir bienes e, incluso, contratar determinadas prestaciones de servicios, luego a través de ellas es posible efectuar «órdenes de pago».

Ahora bien, si el ART nativo no estable permite al adquirente obtener una liquidación en efectivo que esté referenciado al propio algoritmo del criptoactivo en cuestión[26], en tal caso, sí podríamos hablar de valor negociable (art. 2.1. a) 3.º TRLMVSI) y, por extensión, sí podríamos hablar de una ficha de inversión.

Debe advertirse en este punto que estos índices de referencia quedarán excluidos del ámbito de aplicación del Reglamento (UE) 2016/1011 del Parlamento Europeo y del Consejo, de 8 de junio de 2016[27] en la medida en que estas cifras provienen de entidades no supervisadas (art. 2.2 g) siempre y cuando (i) que el índice de referencia se emplee en instrumentos financieros que hayan sido objeto de una solicitud de admisión a negociación en un único centro de negociación o se negocien únicamente en un centro de

---

[25]   Navas Navarro, S., *Un mercado*, p. 104.

[26]   El algoritmo de un criptoactivo nativo no estable como el BTC o el ETH puede perfectamente operar como índice de referencia, ya que el art. 2.1 a) 3.º, tras señalar, como *numerus apertus*, un listado de índices posibles, admite «otros índices o medidas».

[27]   Reglamento (UE) 2016/1011 del Parlamento Europeo y del Consejo, de 8 de junio de 2016, sobre los índices utilizados como referencia en los instrumentos financieros y en los contratos financieros o para medir la rentabilidad de los fondos de inversión, y por el que se modifican las Directivas 2008/48/CE y 2014/17/UE y el Reglamento (UE) n.º 596/2014 (DOUE-L-2016-81132).

negociación de este tipo y que (ii) el valor nocional total de los instrumentos financieros que empleen el índice de referencia no supere los 100 millones de euros.

Expuesto cuanto antecede, el contrato que operara como título traslativo de dominio será un contrato mercantil, siempre y cuando exista una «*correlación entre las expectativas de revalorización o de rentabilidad del [criptoactivo] y la evolución del negocio o proyecto subyacente*»[28.]

En particular, el contrato subyacente será una permuta financiera, aunque podría llegar a ser un contrato de gestión de carteras (art. 128.5 b) TRMVSI) siempre y cuando el emisor se dedique a prestar servicios de inversión de forma habitual a un mismo adquirente o grupo de adquirentes.

II. LAS FICHAS DE INVERSIÓN

Nuevamente, debemos diferenciar dos tipos de fichas de inversión: (i) las fichas de inversión que representen un valor negociable de (ii) las fichas de inversión nativas o algorítmicas no estables.

En cuanto a las primeras, en vista de que el criptoactivo en cuestión no es sino una representación digital de un valor negociable subyacente, lo lógico es que el contrato que vehiculice la operación sea el mismo: el de permuta financiera, pues un valor negociable se intercambiaría por otro con finalidades de especulación o inversión financiera.

Respecto de los segundos, debemos reproducir lo ya indicado *ut. supra.* sobre las «criptomonedas» puras no estables: con carácter general, no serán valores negociables toda vez que, como contienen órdenes de pago, operan como instrumentos financieros y, por ende, quedan excluidos del ámbito de aplicación del reglamento de infraestructuras de mercado, así como del TRLMVSI (art. 2.1 a TRLMSI *in fine*).

Ello no obstante, habida cuenta que el criptoactivo en cuestión puede operar como índice de referencia, excepcionalmente sí podría tener consideración de valor negociable. Solamente este último caso, por ende, el contrato

---

[28] URÍA FERNÁNDEZ, F. (2021). «El ámbito objetivo de aplicación de la normativa sobre mercado de valores: del valor negociable a los instrumentos financieros. El problema regulatorio de los criptoactivos» en *La regulación del mercado de valores y de las Instituciones de Inversión Colectiva*, Wolters Klewer-La Ley, Madrid.

que se perfeccione y que será fuente de obligaciones tendrá la consideración de permuta financiera e, incluso, un contrato de gestión de carteras.

III. LAS NFTS

Distinguiremos, nuevamente, las NFTs inmobiliarias del resto.

En cuanto a los primeros, la causa del contrato será el que determine el tipo contractual aplicable: en el caso de que la NFT se adquiera con la finalidad de ser transmitida a otra sin ánimo de lucro y por la mera gratuidad o liberalidad, el contrato será el de la donación inmobiliaria, que requerirá, como presupuesto *ad solemnitatem*, que previamente haya sido otorgada en escritura pública (art. 633.1 CC), pues, de otro modo, la donación no llegará a surtir efectos.

Sin embargo, en el caso de que la transmisión sea onerosa, extremo que se presume iuris tantum, en tal caso hablaríamos de permuta inmobiliaria.

Por lo que se refiere al resto de NFTs que no sean inmobiliarias, nuevamente deberemos atender a la causa, siendo que, en la mayoría de las ocasiones hablaremos de permuta y, excepcionalmente, siempre y cuando se pruebe la mera liberalidad como motivo traslativo de dominio, hablaremos de donación de bien mueble que no requerirá, a diferencia de lo que sucede con la donación inmobiliaria, de ninguna exigencia de forma.

IV. LAS FICHAS DE CONSUMO

De conformidad con lo previsto en el art. 3.1.9 MiCA, las fichas de consumo se caracterizan por ser «*un tipo de criptoactivo utilizado únicamente para dar acceso a un bien o un servicio prestado por su emisor*».

Prima facie, siendo que son bienes o servicios intangibles fungibles que se ofrecen al adquirente, parece que el contrato que cabría anudarle sería el del arrendamiento de servicio (art. 1544 CC).

Sin embargo, esta posibilidad se excluye por un motivo: los contratos, salvo pacto en contrario, se presumen onerosos. Sin embargo, una nota distintiva de las fichas de consumo es que suelen ser una especie de dádiva o premio que se destina al adquirente con un fin comercial: la captación.

Así las cosas, siendo la causa del contrato la mera liberalidad (art. 618 CC), entendemos que el contrato que cabría anudarles sería el de la donación *inter vivos* de bienes muebles (art. 632 CC) que, podrá consistir, a su vez, en la entrega de un bien, genérico o específico o, en la prestación de un servicio (art. 619 CC), personalísimo o no.

Capítulo IV
DERECHO DE CONSUMO

Nos referimos al concepto de consumir como aquella persona física o jurídica que adquiere un bien, un servicio y/o un contenido digital con la finalidad de destinarla a un propósito ajeno al empresarial.

Aunque las definiciones que otorgan las distintas normas *ad hoc* comunitarias y nacionales sean ligeramente distintas entre sí[1], en todas ellas existe pleno consenso en un elemento: que el destino de la operación, la causa del contrato, ha de ser siempre ajeno al empresarial, de tal forma que quien actúe no lo haga con ánimo de lucro o con finalidades de especulación.

Sin embargo, aunque *prima facie* la noción de consumidor no parezca que vaya a generar problemas interpretativos, lo cierto es que existen múltiples casos[2] en los que se ha planteado si nos encontramos verdaderamente ante la contratación entre consumidores o, por el contrario, se trata de la contratación entre empresarios.

---

[1]   Así, por ejemplo, de la dicción literal de los arts. 2.6 y 2.2 de las, respectivamente, Directivas 2019/770 y 2019/771 parece que excluyen de la noción de consumidor a las personas jurídicas, mientras que el art. 3.1.II TRLGDCU que transpuso la Directiva 93/13/CEE expresamente admite que las personas jurídicas sean consideradas consumidores, siempre y cuando *«actúen sin ánimo de lucro en un ámbito ajeno a una actividad comercial o empresarial»*.

[2]   López Sánchez, M. A., «Smart contracts» en *Digitalización*, p. 20 a 23.

Así las cosas, seguidamente nos ocuparemos de analizar, según los casos concretos suscitados ante el TJUE, sobre cuándo nos encontramos ante un auténtico consumidor.

Como se podrá observar a continuación, la noción jurisprudencial que el TJUE otorga al concepto de consumidor es muy flexible, quizás con tal de proteger al máximo posible al usuario en línea, pues tal condición es la que permite que se aplique la normativa *ad hoc* de consumo, de marcada finalidad tuitiva.

I.   Concepto de consumidor

1.   Jugador de póker en una plataforma en línea

Así, por ejemplo, y, para lo que aquí nos interesa, la STJUE de 10 de diciembre de 2020 (Personal Exchange International, C-774/2019) vino a entender que un jugador de póker debe ser considerado como un consumidor, a pesar de que, tal y como consta en el antecedente de hecho núm. 12, el jugador había ganado aproximadamente 227.000 euros jugando al póker durante el período comprendido entre el 31 de marzo de 2010 y el 10 de mayo de 2011, esto es, durante apenas un 1 año.

En efecto, en la citada sentencia, el TJUE puso el acento en la posición contractual que ocupaba el jugador de póker respecto de la otra parte contratante: un organizador de juegos de azar.

En este sentido, vino a entender que es irrelevante el conocimiento técnico que pudiera tener el jugador a la hora de determinar si actúa o no en su condición de consumidor, de la misma forma que resulta intrascendente el nivel alto de ingresos que obtuvo en muy poco tiempo, pues la normativa de consumo no exige ni un mínimo ni un máximo de ingresos para entender como consumidor a una de las partes contractuales.

Así, vino a entender que lo verdaderamente relevante es que el jugador de póker no había vendido a terceros ninguna ganancia patrimonial, y que tampoco existía una tributación o declaración oficial de las cuantías percibidas, motivos que hicieron que el TJUE afirmara la condición de consumidor del jugador de póker.

Aunque esta sentencia parece que, más que aclarar el concepto de consumidor, lo oscurece, lo cierto es que este supuesto puede servir de precedente para excluir de la consideración de empresario a todo aquél que no venga obligado a declarar oficialmente las ganancias patrimoniales obtenidas fruto de la compraventa puntual –que no regular- de criptoactivos.

Retomando el hilo anterior, en el caso de que verdaderamente la operación se realice sin ánimo de lucro, la normativa que se le anudará a la misma será la propia del derecho de consumo, en donde, *ad exemplum*, destacamos las siguientes normas: (i) en el ámbito comunitario: las Directivas de contenido digital, así como el Reglamento Dora[3] y, (ii) en el ámbito nacional: en materia de contratación por adhesión el TRLGDCU y la LCGC, esta última también aplicable en la contratación entre empresarios, pero únicamente en lo atinente al control de incorporación, como diremos seguidamente.

2. Usuario que realiza órdenes de pago en una plataforma de venta de instrumentos financieros

Al hilo de un supuesto de competencia judicial internacional, el TJUE tuvo ocasión de manifestarse, en respuesta a la cuestión de prejudicial planteada, si, a la luz de lo dispuesto en el art. 17.1 del Reglamento Bruselas I Bis[4], un usuario que realizaba órdenes de venta y de compra en una plataforma de intercambio de divisas (Forex Exchange) debe o no considerarse como un consumidor.

Nuevamente, el TJUE vino a entender que lo relevante no es el conocimiento o el importe que puedan revestir las operaciones, sino la causa o el destino del contrato: la finalidad con la que actúe el usuario.

Así, si la actividad ejercida es ajena a la comercial, el TJUE entiende que el usuario ha de considerarse como un consumidor, y, ello, con independencia de cuál sea el importe de la operación (FJ 35).

---

[3]   Reglamento (UE) 2022/2554 del Parlamento Europeo y del Consejo de 14 de diciembre de 2022 sobre la resiliencia operativa digital del sector financiero y por el que se modifican los Reglamentos (CE) n.º 1060/2009, (UE) n.º 648/2012, (UE) n.º 600/2014, (UE) n.º 909/2014 y (UE) 2016/1011(DOUE-L-2022-81962).

[4]   Reglamento (UE) 1215/2012 del Parlamento Europeo y del Consejo de 12 de diciembre de 2012 relativo a la competencia judicial, el reconocimiento y la ejecución de resoluciones judiciales en materia civil y mercantil (DOUE-L-2012-82604).

3. Usuario que vende bienes de elevado valor económico

La precedente sentencia de la Sala Quinta del TJUE de 4 de octubre de 2018 (C-105/2017) sigue la misma *estela* que las sentencias de fecha posterior que hemos tenido ocasión de mencionar *ut supra*.

Así, se entiende que no es consumidor aquella persona física o jurídica, que, a la luz de lo dispuesto en los arts. 2, letra b), de la Directiva 2005/29 y 2.2, de la Directiva 2011/83, «*con un propósito relacionado con su actividad económica, negocio, oficio o profesión*».

No obstante, la nota distintiva que le hace diferenciar del resto es que la Sala viene a enumerar una serie de indicios que hacen que un usuario que actúa en una plataforma de internet revendiendo varios bienes sea un empresario, siendo dichos indicios, según el Fundamento Jurídico 38, los siguientes:

— Si la venta en la plataforma en línea se ha efectuado de forma planificada y si dicha venta tiene fines lucrativos;
— Si el vendedor dispone de información y competencias técnicas relativas a los productos que propone a la venta de las que el consumidor no dispone necesariamente, de manera que lo coloca en una situación más ventajosa con respecto a dicho consumidor;
— Si el vendedor tiene un estatuto jurídico que le permite realizar actos de comercio y en qué medida la venta en línea está vinculada a la actividad comercial o profesional del vendedor;
— Si el vendedor está sujeto a IVA, si el vendedor, que actúa en nombre de un comerciante determinado o por su cuenta o por medio de otra persona que actúa en su nombre y por su cuenta, ha recibido una retribución o una participación;
— Si el vendedor compra bienes nuevos o usados con intención de revenderlos, confiriendo de este modo a dicha actividad un carácter regular, una frecuencia o una simultaneidad con respecto a su actividad comercial o profesional;
— Si los productos en venta son todos del mismo tipo o del mismo valor, en particular, si la oferta se concentra en un número limitado de productos.

Añade, además, la Sala Quinta del TJUE que el hecho de que «*con la venta se persiga un ánimo de lucro o de que una persona física publique simultáneamente en una plataforma en línea una serie de anuncios en los que ofrece a la venta bienes nuevos y usados no basta por sí mismo, para calificar a esa persona de «comerciante» en el sentido de dicha disposición».*

Por tanto, ni si quiera es suficiente que en el supuesto concreto quede objetivado el ánimo de lucro del usuario, pues hace falta un plus adicional, extremo que, desde luego, el TJUE no aclara cuál es.

Es más, para el TJUE ni si quiera es indicio de considerar a un usuario como comerciante el hecho de que lleve a cabo las actividades con cierta regularidad, pues no es un hecho, que, por sí solo, sea determinante para afirmar tal condición.

En fin, entendemos que la protección *ad hoc* que ofrece la normativa de consumo deba implicar que la noción de «consumidor» sea lo más amplia posible, pero, desde luego, no es acertado que se considere como tal un usuario experto que actúe en la red, máxime cuando las cuantías de las operaciones que efectúe sean de notoria entidad.

II. DERECHOS *AD HOC* DEL CONSUMIDOR

1. Información precontractual

El TRLGDCU obliga al empresario a suministrar determinados datos, so pena de que se declare, en caso de incumplimiento, la falta de conformidad del bien e incluso, se permita la resolución o nulidad del contrato, al menos en algunos clausulados.

Así, los deberes precontractuales se regulan en el art. 60 TRGLDCU, salvo para los contratos a distancia que se encuentran en los arts. 97 y 98 TRLGDCU.

La información precontractual se concibe como uno de los elementos clave, toda vez que es sobre dicha información que el consumidor o usuario representará la carga jurídica, así como la carga económica del contrato.

Teniendo en cuenta pues, que los tratos precontractuales tienen incidencia directa en el consentimiento del consumidor o usuario en la perfección de los contratos de adhesión, nos referiremos brevemente a esta cuestión en el apartado de la LCGC.

2. Derecho de desistimiento

Junto con la obligación del empresario de suministrar información precontracual, el derecho de desistimiento es el derecho *ad hoc* por excelencia del adherente.

El derecho de desistimiento es la facultad unilateral del consumidor de desvincularse del contrato sin asumir ninguna penalización ni indemnización derivada de dicha decisión (art. 68.2 TRLGDCU).

El único requisito, pues, es que el derecho de desistimiento sea ejercitado en el plazo legalmente previsto, o sea: 14 días naturales (art. 71.1 TRLGDCU).

El art. 71.2 TRLGDCU prevé un *dies a quo* distinto para ejercitar este derecho en función de la naturaleza del contrato: (i) si el contrato es de suministro de servicios o contenidos digitales, el plazo de los 14 días naturales comienza a computar desde que se celebra el contrato; mientras que (ii) si el contrato es de compraventa de bienes muebles, el plazo empieza a computar desde el momento en el que se cumpla el modo, esto es, el consumidor o usuario adquiere la posesión mediata de la cosa, que no podrá consistir, como sucede en el primero de los casos, en la *traditio* instrumental.

La característica más distintiva de este derecho ya no solo es que no exista ninguna penalización por ejercitarla, sino que, además, es el empresario quien asume las consecuencias de su ejercicio, esto es, es el empresario quien se hace cargo de los gastos de devolución del bien, contenido digital o servicio prestado.

Para que el desistimiento se entienda como bien hecho, bastará con enviar el documento de desistimiento que el empresario está obligado a entregar al consumidor, o incluso mediante la devolución de los productos recibidos, toda vez que no se exige ningún requisito *ad solemnitatem* para ejercitar este derecho.

Así, aunque este derecho se consagre como un derecho *ad nutum*, lo cierto es que el consumidor ha de acreditar haber exteriorizado su voluntad de desvincularse unilateralmente del contrato al empresario en el plazo legalmente previsto, pues, de no hacerlo, seguirá manteniendo su derecho de desistimiento, pero vendrá sujeto a una obligación de indemnizar frente al empresario (arts. 1460, 1470, 1486 CC).

3. Los criptoactivos son «contenido digital»

El Real Decreto-ley 7/2021, de 27 de abril fue la norma que transpuso, al ordenamiento español las dos Directivas relativas a contenidos digitales, siendo éstas:

La Directiva (UE) 2019/770 del Parlamento Europeo y del Consejo de 20 de mayo de 2019, relativa a determinados aspectos de los contratos de suministro de contenidos y servicios digitales (Directiva de servicios digitales);

La Directiva (UE) 2019/771 del Parlamento Europeo y del Consejo de 20 de mayo de 2019, relativa a determinados aspectos de los contratos de compraventa de bienes (Directiva sobre compraventa de bienes).

A su vez, dicho Real Decreto-Ley del año 2021, vino a reformar varios preceptos del vigente TRLGDCU, normativa *ad hoc* por excelencia que regula los derechos del consumidor y que transpuso, en su momento, la Directiva 93/13/CEE.

La Directiva 2019/770 viene a regular aspectos relativos a la conformidad de los contenidos o servicios digitales con el contrato y la modificación de contenidos digitales (art. 1). Prevé *remedios* específicos para la falta de conformidad y las modalidades para exigirlas.

Por su parte, la Directiva 2019/771 pretende establecer un marco mínimo que resulte de aplicación a los contratos de compraventa celebrados con consumidores y, sobre todo, pone el acento en la conformidad de los bienes respecto de la descripción dada en el contrato y reconocer determinados remedios para corregir la falta de conformidad (art. 1).

Realmente, aunque el legislador europeo haya decidido dictar dos Directivas, del contenido de las mismas se desprende que, aunque su ámbito objetivo de aplicación sea distinto, es coherente que hayan sido transpuestos por una misma norma a derecho español, y, es que, la temática es la misma: contratos de suministro de contenidos digitales y contratos de compraventa de bienes muebles.

Dichos textos normativos son la culminación de la protección del consumidor que ya fue reconocida mediante la Directiva 2011/83/UE, si bien esta última se centraba más en regular la información precontractual que ha de ser preceptivamente facilita al consumidor a la vez que reconocía el derecho de desistimiento del consumidor.

De conformidad con lo dispuesto en el art. 2.1 de la Directiva de servicios digitales[5], se entiende por contenido digital *«los datos producidos y suministrados en formato digital»*.

Así, como para dicha Directiva un contenido digital es todo aquel conjunto de datos soportado en un formato digital, debe concluirse que los criptoactivos se integrarán en dicha categoría pues, como ya hemos señalado anteriormente, un criptoactivo no es más que *«una representación digital de un valor o de un derecho que puede transferirse y almacenarse electrónicamente, mediante la tecnología de registro distribuido o una tecnología similar»* (art. 3.5 MiCA).

Por ello, a los criptoactivos desde luego les serán de aplicación las exigencias contenidas en las Directivas 2019/770 y 2019/771, siempre y cuando la contratación se produzca entre empresario y consumidor, pues ésta es la exigencia que predican ambas normas en su art. 3.1 para que se cumpla su ámbito de aplicación subjetiva[6].

Así las cosas, a continuación, haremos una breve referencia a los concretos derechos que ambas Directivas reconocen a los consumidores. Teniendo en cuenta que ambas Directivas modifican preceptos específicos del precedente TRLGDCU, nos referiremos también seguidamente a dicho texto normativo:

III.   CONTRATO DE SUMINISTRO DE CONTENIDOS Y SERVICIOS DIGITALES

1.   Concepto y ámbito de aplicación

De conformidad con lo previsto en el art. 59.4 TRLGDCU se entiende por contrato de suministro de contenidos y servicios digitales aquél por el que *«el empresario suministra o se compromete a suministrar contenidos o servicios*

---

[5]   Esta definición es idéntica a la que se regula en el art. 2.6 de la Directiva sobre compraventa de bienes.

[6]   En efecto, el art. 3.1 de la Directiva 2019/770 señala que será de aplicación *«a todo contrato en virtud del cual el empresario suministra o se compromete a suministrar contenidos o servicios digitales al consumidor y este paga o se compromete a pagar un precio»*; mientras que el homólogo art. de la Directiva 2019/771 establece que será de aplicación *«a los contratos de compraventa entre un consumidor y un vendedor»*.

digitales al consumidor o usuario y este facilita o se compromete a facilitar datos personales».

El propio precepto acota este tipo contractual excluyendo aquellos suministros de datos personales que únicamente sean tratados por el empresario bien con el fin de cumplir las exigencias legales impuestas o bien con el fin de suministrar los contenidos o servicios digitales objeto de un contrato de compraventa o de servicios.

Por ende, el eje central de este tipo contractual nuevamente es la finalidad que persigue el empresario en virtud del contrato pues, si la causa del negocio no consiste en el tratamiento de datos, la normativa *ad hoc* no resulta de aplicación.

Por su parte, en el caso de que el contrato no solamente incluyera el suministro de contenidos y/o servicios digitales, sino que, además, tuviera otro objeto, la normativa propia transpuesta al TRLDCU de las Directivas 2019/770 y 2019/771 no será de aplicación respecto de todo aquello que no sean servicios o contenidos digitales.

2. **Precio**

Como no podía ser de otra manera, el art. 2.7 de la Directiva 2019/770 admite que la contraprestación por los servicios o contenidos suministrados sea dinero *de curso legal*, o *«cualquier representación digital de valor»*, esto es, cualquier bien que sea la especie pactada, incluso los criptoactivos.

Es más, el propio legislador comunitario, con anterioridad a la entrada en vigor de MiCA, incluso antes de la aprobación del primer texto de *lege ferenda* (septiembre de 2020), admitía la posibilidad de que la contraprestación fuera un criptoactivo *«en la medida en que estén incluidos por el Derecho Nacional»*[7].

Sin embargo, entendemos que hoy por hoy se ha producido una derogación táctica de dicho requisito pues, desde la entrada en vigor de MiCA, así como del Reglamento de infraestructuras de mercado, los criptoactivos tienen pleno encaje en el derecho comunitario.

---

[7]   Quizás por prudencia, en su momento el legislador español no incluyó esta coletilla cuando transpuso la Directiva 2019/770 a derecho español mediante el RDL 7/2020.

Por su parte, el propio Considerando 23 aclara que los criptoactivos no serían considerados, cuando constituyan la contraprestación del negocio jurídico, como contenidos digitales. Realmente, ello refuerza la vis atractiva del Reglamento MiCA, pues no solamente será de aplicación supletoria allí donde no existe una norma ad hoc que resulte de aplicación, sino que es la norma de aplicación preferente por razón de la materia (*lex specialis derogat generali*).

3.   Contrato de compraventa de bienes muebles

A.   *Obligación de entrega del bien y/o de suministrar el contenido digital*

El art. 66bis 1 TRLGDCU prevé un plazo específico para la compraventa de bienes muebles: mientras que el plazo para el resto de los supuestos es de un máximo de 30 días naturales, en el caso de los contenidos y servicios digitales el bien deberá ser entregado «*sin demora indebida tras la celebración del contrato*».

Realmente, si bien parece ser que una interpretación teleológica de la norma nos conduciría a entender que los servicios y contenidos digitales deban ser entregados al comprador con mayor premura que el resto de bienes muebles, lo cierto es que, al carecer de un plazo máximo de entrega, en la práctica puede producir justamente el efecto contrario.

Para subsanar este efecto adverso que puede generar el precepto, el legislador faculta al consumidor para exigir un «periodo de tiempo adicional acordado expresamente» al empresario. Lo cierto es que, en la práctica totalidad de los casos, los contratos suelen ser contratos de adhesión en donde el consumidor carece de posibilidad real de incidir sobre su contenido, por lo que tampoco encuentra virtualidad práctica esta previsión legal.

El apartado 1 del citado precepto prevé el momento en el que será realizado el modo, que consistirá en la *traditio* instrumental: al tiempo en el que se produzca la puesta a disposición o resulte accesible el bien o servicio digital objeto de entrega.

Lo que sí tiene impacto positivo para el consumidor en la práctica es la inversión de la carga probatoria que se prevé *ex lege* en el art. 66 bis5 TRLGDCU en la medida en que es el empresario quien, en todo caso, deberá probar el cumplimiento de sus obligaciones específicas, pues se presume su culpa *iuris tantum*.

Por su parte, las consecuencias jurídicas de la resolución del contrato, que en el ámbito del derecho civil general serían las previstas en el art. 1303

CC (restitución recíproca de las prestaciones) se prevén específicamente en los arts. 119 ter y 119 quáter TRLGDCU.

Como veremos seguidamente, las consecuencias establecidas en dichos preceptos son idénticas que para los supuestos de resolución del contrato por falta de conformidad del bien objeto de entrega, *remedio* contractual de la que nos ocuparemos en las siguientes líneas.

B. **Derecho de conformidad entre el producto y la descripción realizada en el contrato**

Es el *remedio* contractual característico del contrato de consumo, importando de la primitivo Convenio Internacional de Mercaderías, y que resulta de aplicación toda vez que el bien entregado en la práctica no se asemeje a las características descritas de éste en el contrato.

Para que concurra la falta de conformidad, el TRLGDCU prevé dos presupuestos que han de ser necesariamente cumplimentadas de forma cumulativa:

— Requisitos subjetivos (art. 115 bis TRLGDCU): el bien ha de ajustarse a la descripción del contrato, en aspectos como la cantidad, calidad, funcionalidad e interoperabilidad. Ha de ser, además, apto para el destino específico que el consumidor pretende otorgar al bien siempre y cuando dicha necesidad hubiese sido comunicada al empresario como máximo, al tiempo en el que se celebró el contrato y dicha necesidad hubiese sido específicamente aceptada por éste. Finalmente, el bien deberá ser entregado con todos sus accesorias, deberá disponer de todas las instrucciones necesarias para su puesta en marcha y, en fin, deberá ser entregado con actualizaciones o de forma actualizada, según se convenga en el contrato.

— Requisitos objetivos (art. 115 ter TRLGDCU): el bien ha de servir para el fin que normalmente estén destinados los bienes o contenidos o servicios digitales del mismo tipo. Para aclarar esta cuestión, la norma establece como criterio preferente la norma técnica existente y, en su defecto, todo código de conducta que sea específico del sector. Deberá tener, además, la misma calidad que el bien que opere como muestra, modelo o prueba y ser entregado con todos los accesorios que quepan razonablemente esperar por el consumidor medio, especialmente en lo atinente al embalaje. Finalmente, deberá tener las mismas características que los que normalmente tienen y caben razonablemente esperar los bienes del mismo tipo, especialmente en lo que respecta a la durabilidad, la accesibilidad y continuidad del contenido o servicio digital y la funcionalidad, la compatibilidad y la seguridad.

En fin, de lo anterior se desprende que los requisitos objetivos y subjetivos son prácticamente idénticos con una salvedad: los requisitos subjetivos solamente entrarán en juego allí donde el consumidor, como muy tarde al tiempo de la perfección del contrato, hubiese manifestado su deseo de destinar el bien a un fin concreto que no sea el que razonablemente cabe esperar y tal deseo hubiese sido aceptado, (entendemos por escrito, pues, en la práctica, resulta difícil probar una aceptación verbal), por el empresario.

Lo cierto es que, tratándose de contratos de adhesión en donde el consentimiento se presta a menudo por «click wrapping», en la práctica en la mayoría de las veces la falta de conformidad concurrirá toda vez que se cumplan las exigencias objetivas.

Por su parte, el art. 115 quater TRLGDCU prevé un supuesto específico de falta de conformidad: en los bienes susceptibles de integración o instalación, bastará con acreditar que el bien no se haya instalado o integrado correctamente para que el bien sea no conforme. Lo mismo sucede cuando la instalación o la integración se hayan realizado por el consumidor erróneamente debido a que existe un defecto en las instrucciones.

C. **Remedios** *de la falta de conformidad*

El art. 117 TRLGDCU prevé *remedios* específicos al alcance del consumidor de la falta de conformidad, los cuales resultan incompatibles con las acciones de saneamiento previsto en el art. 1474 s. CC (art. 116 TRLGDCU).

Dichos *remedios* no son susceptibles de ser ejercitadas indistintamente o cumulativamente por el consumidor, sino que el propio legislador establece un orden jerárquico para su ejercicio de tal forma que el siguiente remedio únicamente sea ejercitable cuando se acredite que el anterior no es posible ejercerla:

— *Remedios* preferentes (art. 118.1 TRLGDCU): el legislador comunitario pretende garantizar al máximo posible el *pacta sunt servanda* y, en fin, evitar que los contratos terminen siendo fácilmente resueltas. Por ello, establece como remedios prioritarios la reparación y la sustitución de bien, a elección del consumidor *«salvo que una de estas dos opciones resultare imposible o que, en comparación con la otra medida correctora, suponga costes desproporcionados para el empresario»*[8]. Las medidas correctoras que se ofrezcan al consumidor (art. 118.4 TRLGDCU), sea la reparación o sea la sustitución, deberán ser en todo caso gratuitas (apartado a); deberán llevarse a cabo en un plazo razonable (apartado b) y realizarse sin mayores inconvenientes (apartado c). Tampoco se podrá exigir por el empresario ningún coste adicional por el tiempo en el que el usuario disponga del bien no conforme hasta su sustitución o reparación. Por su parte, también con el ánimo de evitar que estos remedios queden desnaturalizados en detrimento del consumidor, los apartados 5 y 6 del art. 118 TRLGDCU imponen al empresario la obligación de asumir gastos derivados de la retirada o instalación del bien no conforme.

Remedios supletorios: estos *remedios* únicamente podrán ejercitarse cuando resulte imposible ejercitar los *remedios* prioritarios. El art. 119 TRLDCU prevé un listado *ad exemplum* de supuestos en donde no sea posible ejercitar los *remedios* prioritarios anteriormente descritos. Los supuestos pueden ser variados, tales como que resulte imposible o desproporcionado sustituir o reparar el bien o que la falta de conformidad sea de tal gravedad que se justifique una reducción inmediata de su precio e, incluso, sea procedente la resolución del contrato por producirse la frustración objetiva del fin del negocio jurídico.

---

[8] Con la transposición de las Directivas 2019/770 y 2019/771 el concepto *«coste desproporcionado»* ha sido más acotado por el legislador comunitario, pues, con anterioridad, al ser un concepto jurídico indeterminado, había dado lugar a problemas de interpretación, como sucedió en el asunto Weber & Putz, STJUE 16 de junio de 2011 (C-65/09). Así, en la actual redacción, se deberá examinar el coste desproporcionado teniendo en cuenta las circunstancias como el valor que hubiera tenido el bien de no existir la falta de conformidad, o la relevancia de la falta de conformidad, o si es posible ofrecer una alternativa correctores sin mayores inconvenientes para el consumidor.

D. *Plazos de la falta de conformidad: garantía y prescripción*

El TRLGDCU distingue el plazo de garantía del plazo de prescripción.

En cuanto al plazo de garantía, se prevé un régimen distinto en función de si la obligación derivada del contrato es de tracto único o, se trata de una obligación de tracto sucesivo y, en particular:

— Obligación de tracto único: cuando el acto sea único o consisten en una serie de actos individuales, el art. 120.1 TRLGDCU prevé un plazo de garantía de 3 años para que se manifiesta la falta de conformidad para la compraventa de bienes muebles mientras que se reconocen 2 años de garantía para los contratos de suministro de contenidos y servicios digitales. El *dies a quo* de los plazos de garantía es el momento de la entrega del bien, servicio o contenido digital. Por su parte, para los bienes de segunda mano el plazo de garantía se fija en el propio contrato, con el límite de que éste, como mínimo, deberá ser de 1 año.

— Obligación de tracto sucesivo: este supuesto únicamente será posible para los contratos de suministro de contenidos y servicios digitales toda vez que la entrega de un bien mueble se produce una única vez y, en consecuencia, la obligación derivada de la compraventa será siempre de tracto único. Como sucede con los bienes de segunda mano, el plazo de garantía será el fijado en el contrato, aunque el art. 120.2 TRLGDCU también admite la posibilidad de que el plazo sea el tiempo en el que se suministre el contenido o servicio prestado de acuerdo con el contenido del contrato. En todo caso, sin embargo, aun cuando el suministro del bien se produzca durante un plazo inferior a 3 años, como mínimo el art. 120.2 TRLGDCU exige que el plazo de garantía sea el de 3 años.

El art. 124 TRLGDCU prevé, por su parte, un plazo de prescripción de 5 años desde el momento en el que se manifieste la falta de conformidad.

En este punto, el art. 121 TRLGDCU, de perspectiva tuitiva, establece varias presunciones legales, en función del tipo de obligación derivada del contrato, así como dependiendo de su propia naturaleza y, en concreto:

— Obligación de tracto único: si la falta de conformidad se manifiesta en los dos años siguientes de la entrega del bien, o en el plazo de un año para los contratos de suministro con elemento digital, la responsabilidad será del empresario salvo que éste pruebe lo contrario. Sin embargo, el art. 121.1 TRLGDCU excluye aquellas faltas de conformidad que resulten ser incompatibles con la naturaleza o la índole del bien, servicio digital o contenido digital objeto de entrega. Para el caso de bienes de segunda mano, el plazo será aquél que se fije en el contrato, que no podrá ser inferior al año.

— Obligación de tracto sucesivo: en este caso la presunción iuris tantum tendrá la misma duración que el tiempo en el que se preste según contrato el contenido o servicio digital, que no podrá ser, en todo caso, inferior a 3 años aun cuando el periodo de tiempo del servicio o contenido digital prestado sea inferior a dicho plazo. De la misma forma que con las obligaciones de tracto único, la presunción quedará destruida si el empresario prueba que la falta de conformidad es incompatible con los requisitos técnicos de los contenidos o servicios digitales y acredita que informó al consumidor o usuario de dichos requisitos técnicos de forma clara y comprensible durante los tratos precontractuales.

Por su parte, las medidas correctoras de la falta de conformidad suspenden el cómputo de los plazos tanto de la garantía como de la prescripción (art. 122.1 TRLGDCU).

IV. REGLAMENTO DORA

El Reglamento (en lo sucesivo, «Reglamento DORA») forma parte del Paquete Europeo de Finanzas Digitales entendiéndose por tal como el conjunto de *«medidas para promover y apoyar el potencial de las finanzas digitales en términos de innovación y competencia, al mismo tiempo que se mitigan los riesgos derivados de ello».*

El Reglamento DORA viene a complementar al Reglamento MiCA, así como al Reglamento de infraestructuras de mercado y, en fin, como tendremos oportunidad de analizar en el ámbito de aplicación subjetiva, será de aplicación en las operaciones relacionadas con los criptoactivos.

Parece que el alcance del Reglamento DORA es más amplio que MiCA o el Reglamento de infraestructuras de mercado, pues incluye a cualquier entidad salvo, entre otros, las entidades aseguradoras y las correduras. Ello quiere decir, por ende, que, aunque MiCA excluya de su régimen jurídicos determinados criptoactivos como podrían ser algunas NFTs, las entidades proveedoras de estos criptoactivos únicos y fungibles vendrían compelidas a cumplir las exigencias de DORA.

Y, lo hace, de forma indirecta, pues este Reglamento «*crea un marco regulador sobre la resiliencia operativa digital conforme al cual todas las empresas deben asegurarse de que pueden resistir y responder a cualquier tipo de perturbación y amenaza relacionada con los TIC (tecnologías de la información y comunicación) y recuperarse de ellas*»[9]. Nace, por ende, precisamente para regular, evitar y fiscalizar las, en argot, denominadas TechRisks[10] a la vez de que unifica el contenido de las exigencias que hasta ahora han estado fragmentadas en distintas normas sectoriales como la PSD2, EMIR y MIFID[11].

Por tanto, el eje central del presente Reglamento no es otra que regular aspectos como la gestión del riesgo, así como armonizar y unificar el procedimiento de comunicación de incidentes relacionadas o derivadas del uso de las TIC.

Aunque su publicación en el DOUE se produjo el 3 de enero de 2023, su entrada en vigor se encuentra prevista, de conformidad con lo dispuesto en el art. 64 del Reglamento, para el próximo 17 de enero de 2025 y será, como no podía ser de otra manera, una norma de eficacia directa en tanto que no requiere de ulterior transposición por parte de los Estados Miembros para que sea vinculante *erga omnes*.

Esta elección del legislador es deliberada, pues supone un plus de armonización que viene a sufragar las carencias que presentaba la precedente Directiva (UE) 2022/2555 (Considerando 16 Reglamento DORA).

---

[9]   Consejo de la UE «Finanzas digitales: el Consejo adopta el Reglamento sobre la resiliencia operativa digital», 28 de noviembre de 2022.

[10]   Buckley, P. R. / Douglas, W. A / Zetzsche, A. D./ Selga, E. (2020). «Special Feature: Techrisk», Singapore Journal of Legal Studies, marzo, p. 35.

[11]   Annunziata, F., «Innovaciones en el marco de los proveedores de servicios de pago. Perspectiva europea», p. 9 (edición La Ley) en *Perspectiva*.

1. Ámbito de aplicación

A. *Ámbito de aplicación objetiva*

El eje central del Reglamento DORA es el riesgo[12], analizado desde distintas perspectivas:

— Perspectiva territorial: (i) por un lado, desde un prisma *ad intra*: regula la gestión interna que ha de tener toda entidad sujeta a la norma a quienes les obliga a constituir un órgano de dirección para la gobernanza y control y, por otro, (ii) desde el plano *ad extra*: fiscaliza las relaciones que han de tener estas entidades en las relaciones con terceros como, por ejemplo, los proveedores.

— Perspectiva subjetiva: el Reglamento DORA no solamente regula la gobernanza y ordenación interna y externa relacionada con las TIC, sino que también contiene exigencias cuando los riesgos sean derivados (que no relacionados) del uso de las TIC por parte de terceros.

— Perspectiva temporal: (i) perspectiva *ex ante*: se exige a las entidades sujetas que adopten medidas para prever y evitar los riesgos tanto los propios como los generados por terceros y (ii) perspectiva *ex post*: regula, fiscaliza y sanciona a las entidades por la no adopción de las medidas necesarias.

Por su parte, el Reglamento DORA se consagra como norma aplicable por defecto, pues será aplicable *erga omnes* allí donde no exista una norma que expresamente resulte de aplicación. Y, además, opera de forma coordinada con otras normas, complementándolas.

B. *Ámbito de aplicación subjetiva*

El Reglamento DORA realmente nace para regular y fiscalizar la actividad de las entidades financieras (art. 2) que se definen extensamente, a través de un listado *ad exemplum* (art. 3), mientras que el art. 4 determina qué entidades quedarán fuera de su ámbito de aplicación.

---

[12]   TAPIA HERMIDA, A. J. (2023). «Los 20 principios básicos de la ley europea de resiliencia Operativa Digital del Sector Financiero (DORA)», La Ley, núm. 10262, Sección Tribuna, 5 de abril.

Del contenido del art. 2 se deprende que el Reglamento DORA también será de aplicación en la contratación de los criptoactivos, toda vez que dicho precepto incluye a las entidades autorizadas por MiCA como entidades que vendrán sujetas al Reglamento de DORA.

Lo mismo sucederá para los centros de negociación, aunque en este último caso, a diferencia de las entidades autorizadas por MiCA, no se especifica si quedarán también incluidos los centros de negociación basados en la TRD. Ello no obstante, una interpretación teleológica de la norma exige que también queden comprendidas en el ámbito de aplicación de DORA.

Y, es que, el ámbito de aplicación del Reglamento Dora es muy amplio[13] ya que incluye:

— Entidades de derecho bancario: se incluyen entidades de crédito; entidades de pago y las entidades de dinero electrónico. Para lo que aquí nos interesa, también se incluyen los proveedores de servicios de criptoactivos autorizados por MiCA, así como los proveedores emisores de ARTs.

— Entidades de mercado de valores: destacan los proveedores de servicios de información sobre cuentas, las empresas de servicios de inversión, los depositarios centrales de valores, las entidades de contrapartida central, así como centros de negociación. Por su parte, como el Reglamento DORA no excluye las entidades financieras basadas en TRD que regula el Reglamento de infraestructuras de mercado, debe entenderse que éstas también quedarán incluidas. También se incluyen los registros de operaciones, los gestores de fondos de inversión alternativos, las sociedades de gestión y los proveedores de servicios de suministro de datos.

— Entidades de seguros: pertenecen a esta categoría las empresas de seguros y reaseguros, los intermediarios de seguros, los intermediarios de reaseguros e intermediarios de seguros complementarios como las agencias de suscripción, los mediadores y las correturías.

---

[13]   TAPIA HERMIDA, A. J. (2023). «DORA. La Ley europea de resiliencia operativa digital del sector financiero. Reglamento (UE) 2022/2554». La Ley Unión Europea, núm. 113, abril, pp. 4 y 5.

— Otras entidades: pertenecen a esta categoría, más amplia, otras entidades como las agencias de calificación crediticia, los administradores de índices de referencia cruciales, los proveedores de servicios de financiación participativa, registros de titulaciones, así como otros proveedores de terceros de servicios TIC.

El art. 2.3 prevé un listado de entidades que quedarán exentas de la aplicación del Reglamento DORA entre las que se encuentran las personas físicas y jurídicas exentas de MiFID, así como los intermediarios de seguros, reaseguros y servicios complementarios que sean microempresas o PYMEs.

2. Régimen jurídico

Los proveedores de servicios de criptoactivos, así como las entidades previstas en el reglamento de infraestructuras de mercado vendrán compelidas a adoptar múltiples medidas, que se resumen, *grosso modo*, en lo que sigue:

A. *Perspectiva territorial*

— *Ad intra*: el art. 5.1 obliga a todas las entidades sujetas a la norma a que elaboren un marco interno de gobernanza y control que deberá ser elaborado por el órgano de dirección[14] que será quien asuma la responsabilidad de gestionar el riesgo relacionado con las TIC. Asimismo, el órgano de dirección será quien asuma la responsabilidad de establecer y aprobar la estrategia de resiliencia operativa digital y quien apruebe, supervise y revise periódicamente la aplicación del a política de contenida de la actividad en

---

[14]   El art. 3.30 del Reglamento DORA define al «órgano de dirección» como *«un órgano de dirección tal como se define en el artículo 4, apartado 1, punto 36, de la Directiva 2014/65/UE, el artículo 3, apartado 1, punto 7, de la Directiva 2013/36/UE, el artículo 2, apartado 1, letra s), de la Directiva 2009/65/CE del Parlamento Europeo y del Consejo (31), el artículo 2, apartado 1, punto 45, del Reglamento (UE) n.o 909/2014, el artículo 3, apartado 1, punto 20, del Reglamento (UE) 2016/1011 y las disposiciones pertinentes del Reglamento relativo a los mercados de criptoactivos, o las personas equivalentes que dirijan efectivamente la entidad o desempeñen funciones clave de conformidad con el Derecho de la Unión o nacional pertinente».* En puridad, dicho precepto tendrá que relacionarse con lo dispuesto en el art. 42 del CdC, según el cual, aunque dicho artículo esté pensado para el grupo de empresas, la nota característica del órgano dirección es aquél que tiene, directa o indirectamente, el control de la entidad.

materia de TIC. Además, el órgano de dirección será el que apruebe y revise periódicamente los planes de auditoría internos de TIC y quien asigne y revise el presupuesto para satisfacer la necesidad de resiliencia operativa digital. También será el órgano que apruebe y revise la política de la entidad sobre los acuerdos relativos al uso de servicios de TIC y quien establezca, a escala corporativa, los canales de comunicación. Particularmente, el marco interno de gobernanza y control, deberá comprender, como mínimo (i) las políticas internas encaminadas a garantizar el mantenimiento de niveles elevados, disponibilidad, autenticidad, integridad y confidencialidad de los datos; (ii) una definición clara de todas los cometidos y responsabilidad de todas las funciones relacionadas con las TIC.

— *Ad extra*: el Reglamento DORA exige, para todas aquellas empresas sujetas a la norma que no sean microempresas, la creación de un cargo cuya finalidad sea realizar el seguimiento de los acuerdos celebrados con proveedores de TIC sobre el uso de servicios de TIC. Alternativamente, el Reglamento DORA permite que la entidad designe a un miembro de la alta dirección como responsable de supervisar la exposición al riesgo correspondiente y la documentación pertinente. En este punto, el art. 31 del Reglamento DORA exige que las Autoridades Europeas de Supervisión, a través del Comité Mixto y por recomendación del Foro de Supervisión (órgano ad hoc cuya creación se encuentra prevista en el art. 32) que desgine la identidad de los proveedores terceros de servicios TIC que tengan carácter esencial para las entidades financieras y les obliga a nombrar como supervisor principal para cada proveedor tercero esencial a la Autoridad Europea de Supervisión para las entidades financieras de mayor impacto económico en el sentido del art. 31.1 b) [15].

---

[15]   El precepto señala que dicho nombramiento se realizara «*para las entidades financieras que tengan conjuntamente la parte más grande de activos totales del valor de activos totales de todas las entidades financieras que utilizan los servicios del proveedor tercero esencial de servicios de TIC pertinente, según conste en la suma de los balances particulares de dichas entidades financieras*».

B. *Perspectiva subjetiva*

a. *Gestión del riesgo relacionado con las TIC*

El Reglamento DORA exige que las entidades financieras cumplan dos tipos de exigencias: (i) por un lado, como gestión interna del riesgo, se exige que las entidades deberán contar con un marco de gestión del riesgo que sea sólido, completo y bien documentado como parte de su sistema global de riesgos y (ii) de otro, como gestión técnica del riesgo, las entidades vendrán obligadas a crear sistemas, protocolos y herramientas de TIC que sean adecuados a la magnitud de las operaciones de acuerdo con el principio de proporcionalidad, que sean fiables, que dispongan de capacidad suficiente para tratar con exactitud los datos necesarios para llevar a cabo las actividades y prestar los servicios a tiempo y, que sean tecnológicamente resilientes.

b. *Gestión del riesgo relacionado con las TIC derivado de terceros*

Se refiere al conjunto de riesgos relacionado con las TIC que puedan exteriorizarse en función del uso que proveedores terceros de servicios u otras empresas subcontratadas les den a los servicios TIC prestados por la entidad financiera.

El Reglamento DORA distingue tres bloques distintos de requisitos para fiscalizar este tipo de riesgos:

Principios generales: el principio de proporcionalidad se consagra como el criterio de interpretación que inspira el cumplimiento de las exigencias contenidas en la norma. Así, el art. 28.1 a) impone una responsabilidad objetiva en donde las entidades financieras que tengan acuerdos contractuales en vigor para utilizar servicios de TIC en el funcionamiento de sus operaciones comerciales serán responsables por su sola condición, sin que sea preciso acreditar su imputación, en el caso de que incumplan las obligaciones derivadas tanto del Reglamento DORA como de cualquier otra norma aplicable en materia de servicios financieros como podría ser el Reglamento de infraestructuras de mercado.

Evaluación preliminar: se exige a las entidades financieras, como labor previo a la contratación, que (i) evalúen si el acuerdo contractual abarca el uso de servicios TIC que sean esenciales o importantes, así como si se cumplen las condiciones de supervisión para la contratación; que (ii) determinen y valoren todos los riesgos pertinentes en relación con el acuerdo contractual;

que (iii) lleven a cabo todas las comprobaciones con respecto a los posibles proveedores terceros de servicios TIC y (iv) que terminen y evalúen los conflictos de intereses que pueda cuásar el acuerdo.

Contenido del contrato: el Reglamento DORA no solamente exige que el contrato tenga un contenido mínimo, sino que obliga a que contenga *remedios* que venga a colegir cualquier desviación del programa contractual y, en particular:

Contenido del contrato: la forma del contrato se entiende es constitutiva pues el art. 30.1 del Reglamento DORA exige que el contrato se formalice por escrito, y que además deberá ser accesible para ambas partes en un formato que sea descargable, duradero y accesible ya sea en papel o ya sea en cualquier formato digital. El art. 30 distingue dos tipos de cláusulas contractuales: (i) aquellas que se consideran fundamentales y que obligatoriamente deberán constar en el contrato. El art. 30.2 contiene un listado *numerus clausus* en el que se especifica qué concretas cláusulas se consideran mínimas e indispensables; y (ii) aquellas que, no siendo fundamentales, provengan de acuerdos contractuales sobre el uso de servicios TIC que sustenten funciones esenciales o importantes. Estas cláusulas, a diferencia de las anteriores, no se encuentran taxativamente enumeradas en la norma y, en su lugar, el art. 30.3 contiene un listado *ad exemplum*. El art. 30.5 obliga a que las Autoridades Europeas de Supervisión presenten a la Comisión proyectos de normas técnicas que servirán de referencia para que las partes celebren sus respectivos contratos de arrendamiento de servicios (art. 30.4).

Terminación del contrato: el Reglamento DORA prevé remedios específicos que vienen a reequilibrar los supuestos de desviación del programa contractual pactado.

En concreto, DORA distingue dos tipos de acuerdos contractuales para diferenciar los distintos remedios:

1. Acuerdos contractuales en general: 4 son los *remedios* (art. 28.7) que obligatoriamente deberán constar en el contrato: (i) incumplimiento importante por parte del proveedor tercero de servicios TIC de las disposiciones legales o reglamentarias o cláusulas contractuales aplicables. Realmente, la expresión «importante» es desafortunada pues puede dar lugar a criterios interpretativos distintos. Hubiera sido más idóneo que se utilizaran términos como la frustración objetiva del fin del contrato para referirse a

un incumplimiento esencial que permitiera a la parte perjudicada resolver el contrato; (ii) circunstancias observadas durante el seguimiento del riesgo relacionado con las TIC derivado de terceros que se considere que pueden alterar el desempeño de las funciones prestadas en virtud del acuerdo contractual; (iii) debilidades manifiestas del proveedor tercero de servicios de TIC en cuanto a su gestión global del riesgo relacionado con las TIC; y (iv) cuando la autoridad competente haya dejado de poder supervisar efectivamente a la entidad financiera como resultado de las condiciones del acuerdo contractual de que se trate o las circunstancias relacionadas con él.

2. Servicios TIC que sustenten funciones esenciales o importantes: en este caso el Reglamento DORA no prevé ningún remedio específico como tal, sino que viene a regular el régimen de salida del proveedor de servicio que se quiera desvincular del acuerdo. En particular, viene a regular los riesgos que puedan surgir en relación con los proveedores terceros de servicios TIC como un fallo o un deterioro de la calidad de los servicios.

C. *Perspectiva temporal*

El Reglamento DORA establece tres fases para fiscalizar el funcionamiento del sistema de resiliencia operativa: (i) identificación del riesgo; (ii) prevención de incidentes y (iii) solución de incidentes.

Como se puede observar, una vez detectado el riesgo, el Reglamento DORA establece dos secuencias temporales: la previa, que tiene como eje evitar que se genere cualquier incidente y, la posterior, en la que, nacido el riesgo, se centra en ofrecer soluciones para corregirlo. Seguidamente pues, nos referiremos a ambas:

a. *Ex ante*

Las entidades financieras vendrán obligadas no solo a definir y aplicar un proceso de gestión de incidentes, sino que deberán registrar todos los incidentes relacionados con las TIC, así como las ciberamenazas importantes. El art. 17.3 prevé un régimen mínimo que deberá tener la gestión interna de la entidad financiera relacionados con las TIC como es la creación de indicadores de alerta temprana, asignación de funciones y responsabilidades para distintos tipos y escenarios de incidentes o creación de procedimientos destinados a mitigar los efectos de los incidentes. Para facilitar la creación del proceso de gestión de incidentes interno de cada entidad, se distinguen los siguientes incidentes y ciberamenazas:

— Incidentes: los criterios de clasificación son los que siguen, a saber: (i) número y/o pertinencia de clientes o las contrapartes financieras afectados; (ii) duración del incidente; (iii) extensión geográfica; (iv) pérdidas de datos; (v) carácter esencial de los servicios afectados y (vi) las consecuencias económicas. Como sucede con los acuerdos contractuales, DORA exige a las Autoridades Europeas de Supervisión, a través del Comité Mixto y en consulta con el BCE y la ENISA que elaboren proyectos de normas técnicas que deberán respetar las entidades financieras.

— Ciberamenazas: la entidad financiera deberá distinguir aquellas ciberamenanzas que sean importantes, que lo serán en función del carácter esencial de los servicios en situación de riesgo, el número y/o la pertinencia de los clientes o de las contrapartes financieras y la extensión geográfica de las zonas de riesgo.

b. *Ex post*

Se prevé un procedimiento específico para notificar los incidentes graves. En particular, se distingue el procedimiento de notificación de los incidentes graves relacionados con las TIC, que será obligatoria y el procedimiento de notificación de las ciberamenazas importantes, que será potestativa.

Procedimiento de notificación de incidentes graves: se establecen determinadas autoridades como competentes, en función del tipo de servicio TIC prestado, a la que la entidad obligatoriamente deberá comunicar el incidente. Dicha comunicación deberá contener toda la información necesaria, incluido un informe que deberá realizarse siguiendo una plantilla para facilitar la labor de la autoridad competente a la hora de clasificar la gravedad y el impacto del incidente. En concreto, la información que preceptivamente deberá ser facilitada consiste en una notificación inicial, un informe intermedio y un informe final que se emitirá cuando hubiese concluido el análisis de la causa

subyacente. Cuando el incidente provenga de entidades de crédito significativas, el informe no solamente deberá remitirse a la autoridad competente,
sino conjuntamente al BCE.

Procedimiento de notificación de ciberamenazas importantes: se prevé
este procedimiento de notificación voluntaria para todos aquellos supuestos
en los que la entidad financiera considere que la ciberamenaza es pertinente
para el sistema financiero, los usuarios del servicio o los clientes. Desde luego, la redacción del art. 19.2 es muy ambigua, y habrá que ver qué supuestos
concretos encajarían en dicha definición, pues *prima facie* la norma no arroja
luz sin perjuicio de ulterior desarrollo de las normas técnicas por parte del
Comité Mixto. Para el caso de entidades de crédito significativas, el órgano
competente para recibir las notificaciones de las ciberamenazas será el previsto en el art. 6.4 del Reglamento (UE) 1024/2013, quien vendrá compelido
a notificar a su vez dicha información mediante un informe al BCE.

La razón de ser por la que el Reglamento DORA diferencia dos tipos
de procedimientos de notificación, el voluntario y el preceptivo, realmente
se encuentra en el hecho de que en la práctica los supuestos de notificación
voluntaria son el momento previo a que la amenaza importante se agrave y
se convierta en incidente[16].

3. Régimen sancionador y órganos competentes

A. *Procedimientos de supervisión*

Se vienen distinguido dos tipos de procedimientos de supervisión:

1. Supervisión privada o interna: excepto las microempresas, las
   empresas de servicios de inversión pequeñas y no interconectadas,
   así como las entidades de pago y de dinero electrónico exentas,
   el resto de las entidades financieras vendrán obligadas a adoptar
   una estrategia sobre el riesgo relacionado con las TIC derivados
   de terceros (art. 28.2). El Reglamento DORA prioriza la gestión
   interna como forma de evitar la aparición de los incidentes y las
   amenazas, pues en última instancia es cada entidad financiera la
   que se encuentra en la mejor posición para conocer exactamente

---

[16]   Tapia Hermida, A.J., «DORA», p. 11.

los riesgos específicos que puedan derivarse o estén relacionados con su actividad. Para que la supervisión privada sea eficaz, será preceptivo que la entidad financiera disponga de un registro de información en relación con todos los acuerdos contractuales sobre el uso de servicios TIC prestados por proveedores terceros de servicios TIC, distinguir aquellos acuerdos que sustenten funciones esenciales o importantes de los que no y, en fin, actualizar periódicamente dicha información.

2. Supervisión pública: la supervisión pública solamente se aplicaré toda vez que la supervisión privada no haya sido lo suficientemente eficaz para evitar la aparición del riesgo. En particular, serán entidades susceptibles de incurrir en responsabilidad administrativa derivada del DORA: (i) por un lado, las entidades financieras que establezcan acuerdos contractuales con proveedores terceros de servicios de TIC y (ii) los proveedores terceros de servicios de TIC y, en concreto, los que resulten esenciales para las entidades financieras.

B. *Autoridades competentes*

El art. 46 del Reglamento DORA contiene un listado de los órganos que tendrán competencia para investigar, fiscalizar y sancionar tanto a los sujetos responsables.

La naturaleza del órgano competente depender de la entidad financiera sujeta a la norma. Así, en el caso de los proveedores de servicios de criptoactivos autorizados, el órgano competente será el mismo que el que fije MiCA. Así, en el caso del derecho español será la CNMV (art. 94). Lo mismo sucederá respecto de las entidades que emitan o provean servicios relacionados con las fichas de inversión, pues la entidad competente sigue siendo la misma para el caso del derecho español, o sea, la CNMV[17].

---

[17]   *vid.*., en este sentido, el Capítulo V, parte 1, punto 2.3.2.2.

C. *Régimen sancionador*

El Reglamento DORA legitima a las autoridades competentes para (i) llevar a cabo las labores de investigación en orden a objetivar la infracción (art. 50, apartados 1 y 2); (ii) para desarrollar normas que tipifiquen aquellas conductas que sean susceptibles de infracción (art. 50.3) y, (iii) imponer sanciones (art. 50.3).

El art. 50.3 contiene un listado de competencias que los Estados Miembros, como mínimo, deberán conferir a los órganos competentes: (i) la facultad de emitir un requerimiento dirigido a la persona física o jurídica que estuviera infringiendo las obligaciones impuestas por el Reglamento Dora con la finalidad de que cese su conducta y se abstenga de repetirla; (ii) exigir el cese provisional o definitivo de toda conducta infractora; (iii) adoptar cualquier otra medida, inclusive la pecuniaria, para garantizar el correcto cumplimiento de los requisitos; (iv) exigir, siempre y cuando lo permita el derecho nacional, los registros de tráfico de datos cuando existan sospechas fundadas de infracción y (v) publicar avisos en las que se indique la entidad de la persona física o jurídica y la naturaleza de la infracción.

Y, todo ello, sin perjuicio de la responsabilidad penal en la que eventualmente podría incurrir la entidad financiera conforme al derecho aplicable de cada Estado Miembro.

III. LA CONTRATACIÓN POR ADHESIÓN

1. Falta de negociación individual y ámbito de aplicación de la Ley General para la Defensa de Consumidores y Usuarios: solamente se aplica el control de abusividad en la contratación B2C

Junto con las Directivas relativas al contenido digital, el TRLGDCU, así como la LCGC se consagran como normas *ad hoc* que deberán tenerse especialmente en cuenta, fundamentalmente en la contratación por adhesión entre empresario y consumidor.

Como es sabido, el contrato de adhesión[18] se caracteriza por la predisposición e imposición (art. 1.1 LCGC), esto es, aquel supuesto en el que el

---

[18]   SALEILLES, R., De la déclaration de volonté. Contribution à l'étude de l'acte juridique dans le code civil allemand, L. Larouse, París, 1902, vol. 26, p. 229. —pionero en

consentimiento del adherente consiste en aceptar el contenido del contrato o rechazarlo, pero sin que exista posibilidad real de influir sobre su contenido, extremo este distintivo de la negociación individual al que hace referencia el clásico art. 1255 CC. El foco de la norma, pues, se encuentra en la falta de negociación individual.

Aunque la LCGC se aplique indistintamente tanto en la contratación con consumidores como en la contratación entre empresarios (art. 2 LCGC) realmente el control que prevé la LCGC es más aparente que real, pues el control que prevé la LCGC es un control meramente formal, en concreto, un control de incorporación que engloba dos parámetros: la cognoscibilidad y la transparencia.

A la primera se refieren tanto los apartados 1, 2 y 3 del art. 5 LCGC como la letra a) del art. 7 LCGC. De la segunda, sin embargo, se ocupan el número 5 del art. 5 LCGC, así como la letra b) del art. 7 LCGC.

Así, por un lado, la cognoscibilidad exige que se acepte la incorporación de las condiciones generales al contrato y que «sea firmado por todos los contratantes» (art. 5.1 LCGC). Por otro lado, en sede del parámetro de la transparencia, el art. 5.5 LCGC exige que «*[l]a redacción de las cláusulas generales deberá ajustarse a los criterios de transparencia, claridad, concreción y sencillez*» precepto que se ha de conjugar, a su vez, con lo dispuesto en la letra b) del art. 7 LCGC a cuyo tenor se determina la no incorporación de las condiciones generales que «*sean ilegibles, ambiguas, oscuras e incomprensibles, salvo, en cuanto a estas últimas, que hubieren sido expresamente aceptadas por escrito por el adherente y se ajusten a la normativa específica que discipline en su ámbito la necesaria transparencia de las cláusulas contenidas en el contrato*».

Lo anterior quiere decir que, al menos en la contratación de criptoactivos entre empresarios en donde no exista la negociación individual del clausulado del negocio jurídico (algo que sucederá en la práctica totalidad

---

aprehender la lógica del contrato de adhesión— los definía como «*sedicentes contratos que de contrato no tienen sino el nombre […] en los que hay predominio exclusivo de una sola voluntad que actúa como voluntad unilateral y dicta su ley no ya a un individuo sino a una colectividad indeterminada*». Más modernamente, ALFARO ÁGUILA-REAL J. (1998). «Cláusulas abusivas, cláusulas predispuestas y condiciones generales», Anuario Jurídico de La Rioja, núm. 4, p. 53 definió al contrato de adhesión como aquél en el que se introduzcan «*cláusulas que impon[en] a una de las partes condiciones onerosas o libera[n] a la otra de sus obligaciones contractuales más elementales*».

de los supuestos) bastará con superar el control de incorporación, así como el de interpretación para que el negocio jurídico se repute válido a la luz de lo dispuesto en la LCGC.

No sucederá lo mismo, sin embargo, en la contratación de criptoactivos cuando el adherente sea consumidor y, es que, en estos supuestos se exige un plus adicional al control de incorporación, y, en particular: tratándose de clausulados que no constituyan el objeto principal del contrato, se prevé un control de equilibrio o de abusividad (art. 83 TRLGDCU) mientras que para aquellas cláusulas que sí lo sean, será preciso superar el denominado control de transparencia material (art. 4.2 Directiva 93/13/CEE).

2. Control de abusividad o equilibrio en la contratación B2C

Para que una cláusula no negociada individualmente se considere abusiva, ésta ha de incorporarse en el contrato, *«en contra de las exigencias de la buena fe» «en perjuicio del consumidor y usuario, un desequilibrio importante de los derechos y obligaciones de las partes que se deriven del contrato»* (arts. 3.1 de la Directiva 93/13/CEE y 82.1 TRLGDCU).

Dos son, por tanto, los elementos sobre los que pivota la abusividad: el desequilibrio y la buena fe. De ahí surgen, fundamentalmente, tres cuestiones relevantes: el sentido de la buena fe, es decir, si esta se ha de entender en sentido subjetivo (*guter Glaube*) u objetivo (*Treu und Glauben*), la noción de desequilibrio y la forma en que se conjugan ambos elementos; aspecto este último que obliga a cuestionarnos si la buena fe y el desequilibrio son dos elementos distintos o si más bien ambos se funden para formar uno sólo.

Por lo que se refiere al desequilibrio, según la jurisprudencia del TJUE, para determinar si una cláusula causa, en detrimento del consumidor, un desequilibrio importante entre los derechos y las obligaciones de las partes que se deriven del contrato, es preciso analizar si dichas cláusulas derogan o no el Derecho dispositivo del ordenamiento jurídico en cuestión, pues son las normas supletorias del ordenamiento jurídico las que brindan una protección básica a las partes.

Es decir, *«[D]eben tenerse en cuenta, en particular, las normas aplicables en Derecho nacional cuando no exista un acuerdo de las partes en ese sentido. Mediante un análisis comparativo de ese tipo, el juez nacional podrá valorar si —y, en su caso, en qué medida— el contrato deja al consumidor en una situación jurídica menos favorable que la prevista por el Derecho nacional vigente [SSTJUE*

13.04.2013 (asunto C-415/11, apartado 68) y 26.01.2017 (asunto C-421/14, apartado 59)]»[19].

A lo que habrá que añadir que, *«[L]a apreciación del carácter abusivo de una cláusula contractual debe realizarse en relación con el momento de la celebración del contrato en cuestión, teniendo en cuenta el conjunto de las circunstancias que el profesional podía conocer en ese momento y que podían influir en la ulterior ejecución de dicho contrato, ya que una cláusula contractual puede entrañar un desequilibrio entre las partes que sólo se manifieste mientras se ejecuta el contrato».*

Téngase en cuenta, además, que *«el desequilibrio importante»* es un concepto jurídico y no económico pues *«no requiere necesariamente que los costes puestos a cargo del consumidor por una cláusula contractual tengan una incidencia económica importante para éste en relación con el importe de la operación de que se trate, sino que puede resultar del solo hecho de una lesión suficientemente grave de la situación jurídica en la que este consumidor se encuentra»*[20].

En cuanto al sentido de la buena fe, constituye *communis opinio* que se trata de la Buena fe objetiva, siendo para el empresario *«un objetivo modelo de comportamiento leal y para el consumidor, el conjunto de expectativas que consumidores con criterios razonables pueden formar sobre el tipo contractual propuesto»*[21].

En lo que hace a la forma en que se conjugan la buena fe y la falta de equilibrio, se ha dicho que la buena fe se configura como *«el criterio para medir ese equilibrio mientras que el equilibrio de derechos y obligaciones de las partes es la meta perseguida por el control de equilibrio»*[22].

---

[19] Si bien en estos casos, tampoco habrá de ignorar que, *«resulta pertinente a estos efectos examinar la situación jurídica en que se encuentra ese consumidor a la vista de los medios de que dispone con arreglo a la normativa nacional para que cese el uso de cláusulas abusivas».*

[20] STJUE de 16.02.2012 (asunto C-134/11).

[21] Definición de Diez-Picazo, L., «Condiciones generales de la contratación (esbozo de una evolución)» en Menéndez y Menéndez, A. / Diez Picazo y Ponce de León, L., (Dir.), *Comentarios a la Ley sobre condiciones generales de la contratación*, Civitas, Madrid, 2002, p. 71 respecto de la buena fe objetiva.

[22] Marín López, J. M., «La «voluntad virtual» del consumidor, ¿un nuevo test para determinar la abusividad de una cláusula no negociada en contratos con consumidores?» (STJUE de 14 de marzo de 2013, asunto C-415/11) Revista CESCO de Derecho de Consumo, N.º 5/2013, p. 38.

Una cláusula sería abusiva, por tanto, si se aparta del régimen que sería aplicable (en los términos señalados) y ello no se considera leal y equitativo.

Esta es la forma en la que se vienen a enjuagar dos conceptos que, como ha puesto de manifiesto parte de la doctrina, podrían ser perfectamente intercambiables, entendiendo que el desequilibrio «*se presenta como una concreción de la contravención de buena fe, si el peso de quiere hacer recaer sobre el desequilibrio; o bien que todo desequilibrio significativo implica una contravención de la buena fe si el centro de gravedad se coloca en esta última*»[23].

Téngase en cuenta, por otra parte, que, además de la fórmula general de abusividad, en los arts. 85 a 90 TRLGDCU se realiza una especificación de cláusulas que efectivamente se consideran abusivas. A la vista de la misma se puede apreciar que en algunos casos será suficiente contrastar la cláusula contractual con la descripción legal porque no será necesario proceder a ninguna valoración ni a precisar conceptos jurídicos indeterminados.

Se trata de las reglas que recogen las llamas cláusulas negras. En otros supuestos, sin embargo, el carácter abusivo no se deriva del simple contraste de las cláusulas con la descripción legal, sino que se requiere una ponderación. Son las reglas que recogen las denominadas cláusulas grises. Cláusulas grises que no son presunciones de abusividad, sino que, como se ha dicho, describen «*lugares donde estadísticamente suele producirse ese desequilibrio*»[24].

A menudo, las cláusulas que se ponen en cuestión encajan en la lista negra o gris, lo que explica que se considere más adecuado metodológicamente analizar si la cláusula se encuadra en alguno de los supuestos tipificados como abusivos, y solo examinar su abusividad con carácter general de manera subsidiaria[25].

3. **Control de transparencia material B2C**

El Tribunal Supremo, fundamentalmente desde la sentencia plenaria de 09.05.2013 (RJ\2013\2038), interpreta las exigencias de claridad y transparencia de la LCGC de una manera que podríamos denominar restrictiva.

---

[23]   Diez Picazo, L., «Condiciones generales de la contratación (esbozo de una evolución)» en *Comentario*, p. 72.

[24]   Carrasco Perera, A. (2017). «Control de validez de condiciones generales y cláusulas abusivas», en Derecho de Contratos, Aranzadi, Cizur Menor, p. 792.

[25]   SSTS de 15.04.2014 (RJ\2014\3122) y 20.09.2017 (RJ\2017\4039).

Así, desde la citada sentencia del año 2013, el Tribunal Supremo viene distinguiendo dos tipos de control de transparencia: (i) el control de transparencia formal o gramatical, que resultará de aplicación indistintamente de la condición del adherente (empresario o no) y (ii) el control de transparencia material o cualificada, hoy por hoy, únicamente aplicable solamente cuando el adherente tenga la condición de consumidor.

A. *Control de transparencia formal o gramatical*

El control de transparencia formal se limita a garantizar que el contenido del contrato adhesivo respete las exigencias de concreción, claridad, sencillez y legibilidad; siendo este, a su parecer, el parámetro de transparencia al que obedecen los arts. 5 y 7 LCGC.

B. *Control de transparencia material o cualificada*

Se trata de un control reforzado toda vez que no solamente incide en la forma del contrato, sino que fiscaliza directamente su contenido. En particular, este control exige que el predisponente facilite un plus de información que posibilite que el consumidor comprenda tanto la carga jurídica como la carga económica del contrato.

Lo cierto es que el Tribunal Supremo solo ha sentado esta exigencia reforzada de transparencia para las cláusulas relativas al objeto principal del contrato y trayendo a colación para ello el art. 4.2 de la Directiva 93/13/CEE.

Sin embargo, la jurisprudencia comunitaria deja claro que las exigencias de transparencia del mencionado precepto son las mismas que las de cualquier cláusula negociada (art. 5 de la Directiva 93/13/CEE), de modo que no habría razón para no extender a otras cláusulas el mismo criterio: que la falta de transparencia material impide que el consumidor pueda comparar las distintas ofertas existentes en el mercado y, con base en ello, hacerse una representación fiel del impacto económico que le supondrá obtener la prestación objeto del contrato según contrate con una u otra entidad.

En fin, pese a los intentos doctrinales de extender el alcance del control de transparencia material también en la contratación entre empresarios[26],

---

[26]   *vid.*, CÁMARA LA PUENTE S., «Control de cláusulas predispuestas en contratos entre empresarios». Disponible en http://almacendederecho.org/controlclausulas-predis-

lo cierto es que el Tribunal Supremo ha prohibido rotundamente esta posibilidad[27].

De la misma forma, la Sala 1.ª del Tribunal Supremo ha vetado también
la posibilidad de aplicar a la contratación entre empresarios un control de
abusividad similar al previsto en el TRLGDCU después del debate que se
inició a raíz del *obiter dicta* de una Sentencia del Alto Tribunal en la que
parecía admitirse esta opción al hilo del principio de buena fe previsto en
el art. 1258 CC[28].

4. Consecuencias jurídicas de la abusividad y falta de transparencia material del clausulado del contrato

A. *Contratación B2C*

La dicción del art. 83 TRLGDCU es clara:

«Las cláusulas abusivas serán nulas de pleno derecho y se tendrán por no pues-
tas. A estos efectos, el Juez, previa audiencia de las partes, declarará la nulidad de
las cláusulas abusivas incluidas en el contrato, el cual, no obstante, seguirá siendo
obligatorio para las partes en los mismos términos, siempre que pueda subsistir
sin dichas cláusulas».

En el precepto, se cumplen así con creces las exigencias del art. 6 de la
Directiva 93/13/CEE, que sanciona con la «no vinculación» las cláusulas
abusivas.

---

puestas-contratos-empresarios/ (fecha de consulta: enero de 2025) y Alfaro Águila-Real,
J «De nuevo sobre la STJUE de 26 de enero de 2017. El análisis de Cámara confirma que
el TJUE ha perdido el norte». Disponible en http://derechomercantilespana.blogspot.com.
es/2017/02/de-nuevo-sobre-lastjue-de-26-de-enero.ht (fecha de consulta: enero de 2025) y
Mato Pacín, M.ª N. (2017). *Cláusulas abusivas y el empresario adherente*, publicado en Boletín
Oficial del Estado, Avenida de Manoteras, Madrid, p. 401

[27] Por todas, *vid.* la *ratio decidendi* de la sentencia de la Sala 1.ª del Tribunal Supremo
de 30.04.2015 (RJ\2015\2019).

[28] En efecto, la Sala 1.ª del Tribunal Supremo, en Sentencia de 03.06.2016
[RJ\2016\2306] vino a señalar lo que sigue: *«Establecidas las conclusiones precedentes y vista la*
remisión que, en relación con los contratos entre profesionales, hace la exposición de motivos de la
LCGC a las normas contractuales generales, y nuestra jurisprudencia al régimen general del contrato
por negociación, hemos de tener en cuenta que los arts. 1.258 CC y 57 CCom establecen que los
contratos obligan a todas las consecuencias que, según su naturaleza, sean conformes a la buena fe».

De hecho, es de subrayar que la ambigüedad de la Directiva 93/13/CEE a la hora de sancionar las cláusulas abusivas resulta ser una opción por la que se decantó intencionadamente el legislador comunitario, plenamente consciente de la imposibilidad de armonizar las distintas modalidades de ineficacia contractual existentes en el Derecho interno de cada Estado miembro. Así, prudentemente, la Directiva 93/13/CEE dejó un margen amplio para que cada Estado pudiera adaptar esta norma comunitaria.

De la lectura del art. 83 TRLGDCU se desprende, por lo tanto, que las cláusulas abusivas se sancionan con la nulidad de pleno Derecho y que se trata de una nulidad parcial del contrato, pues el resto del contenido del mismo conservará su validez *«siempre que pueda subsistir sin dichas cláusulas»*[29].

Por tanto, la nulidad parcial constituye la regla general, aunque excepcionalmente la nulidad deberá ser total, pues carece de sentido mantener la vigencia de un contrato adhesivo cuando el desequilibrio afecte a la economía del contrato.

Asimismo, la Sala 1.ª del Tribunal Supremo admite la posibilidad de negociar individualmente aquellas cláusulas potencialmente nulas que pudieran afectar a la economía del contrato[30], aunque en la contratación de criptoactivos resulta difícil que se de este supuesto teniendo en cuenta el carácter descentralizado de la emisión, así como la falta de intermediación característica.

B.   *Contratación B2B*

En el caso de que la cláusula no sea válida por no superar el control de incorporación, la consecuencia que se prevé es la nulidad parcial (art. 8.1 LCGC).

Ello no obstante, como no resulta de aplicación el control de equilibrio o de fondo previsto en el art. 80 s. TRGLDCU ni tampoco el control de transparencia material, las consecuencias de la falta de equilibrio serán prácticamente idénticas a las previstas en el Código Civil español en aquellos supuestos en los que exista negociación individual.

---

[29]   Así afirma MIQUEL GONZÁLEZ, J. M. (2011). «Comentario al art. 83 TRLGDCU» en *Comentario a las Normas de Protección de los Consumidores* (Dir.) CÁMARA LA PUENTE, S., Colex, Madrid, p. 763. apelando a la STS de 22.12.2009 (RJ\2010\703).

[30]   *vid..*, entre otras muchas, las SSTS de15.11.2023, 489/2018, de 13 de septiembre, 548/2018, de 5 de octubre, y 101/2019, de 18 de febrero y núm. 285/2023, de fecha 22 de febrero.

CONCLUSIONES

Con todo, podríamos alcanzar las siguientes conclusiones, a saber:

— Un criptoactivo es aquella representación digital de cualquier valor o derecho, que emplea, para su funcionamiento, una tecnología de registro distribuido o TRD (art. 3.1.5 MiCA). La noción es intencionadamente amplia, pues en ella es posible incardinar una gran variedad de distintos activos.

— A día de hoy existen dos reglamentos de eficacia directa que regulan de forma específica a los criptoactivos: (i) el Reglamento DLTR, que regula a las fichas de inversión, o a sea, a los valores negociables que estén representados mediante criptografía; y (ii) el Reglamento MiCA, que, aunque su objeto fundamental es regular a las fichas de pago, o sea, a aquellos activos que se consagren como dinero privado programable, se consagra como norma supletoria aplicable por defecto (art. 2.1). O sea, el Reglamento MiCA será de aplicación allí donde no exista una norma específica que regule el criptoactivo, como es el caso de las NFTs.

— Ni el Reglamento DLTR ni el Reglamento MiCA contienen exigencias específicas en lo relativo al derecho de obligaciones y contratos. Por ende, deberemos acudir a las nociones básicas del derecho civil y a otras normas *ad hoc* para resolver las cuestiones jurídicas que puedan plantearse en el ordenamiento privado.

— Desde luego, para poder determinar las consecuencias jurídicas relevantes como es el caso del momento en que se entienda transmitida la propiedad de un criptoactivo, será necesario, *ex ante*, esbozar la naturaleza jurídica de cada criptoactivo.

— Como punto de partida en el derecho de obligaciones, debe tenerse en cuenta que, a diferencia de otros Estados del derecho comparado como Japón, Alemania y Suiza, en el derecho español es posible adquirir la titularidad tanto del criptoactivo como del activo subyacente que éste represente, en el caso de que éste sea representativo. Ello es así puesto que en el derecho español es posible adquirir la titularidad de un bien intangible.

— En lo relativo de la traslación de propiedad y de otros derechos reales, plantearán especiales problemas aquellos criptoactivos que sean representativos, pues es perfectamente posible que a través de la compra de un criptoactivo no se adquiera la propiedad del activo subyacente. Tal es el caso, por ejemplo, de las NFTs fragmentarias en donde existen múltiples criptoactivos que, sumándolos, representarían la totalidad de un bien único y fungible.

— Respecto al derecho de contratos, nuevamente identificar la naturaleza jurídica del criptoactivo será el eje central, pues si nos encontramos ante un medio de pago en sentido económico el contrato que va a soportar la transacción será la propia de la permuta, si bien lo que se transmite, por ejemplo, es un crédito a cambio de otro, nos encontraremos en el ámbito de la cesión de créditos.

— Prácticamente lo mismo sucede a efectos de cumplir el modo o la entrega en una obligación y, es que, el requisito de la forma puede ser constitutiva por ejemplo tratándose de la entrega de un bien inmobiliario a través de una donación que se lleve a cabo mediante una NFT, esto es, un criptoactivo que represente dicho único inmueble no fungible. En este caso, pues, como el derecho de obligaciones español sigue siendo exactamente el mismo tras la entrada en vigor tanto del Reglamento MiCA como del DLTR, deberán cumplirse los mismos requisitos *ad solemnitatem*.

— Finalmente, en función del ámbito concreto en el que se ha producido la contratación, serán también de aplicación otras normas no específicas en materia de criptoactivos como sucede con la normativa antiblanqueo (AMLD5), o la normativa propia de la contratación por adhesión (LCGC), así como la tuitiva perteneciente al derecho de consumo (DORA o TRLGDCU). Por tanto, identificar la naturaleza jurídica del criptoactivo en cuestión no solamente será relevante a efectos de determinar si resulta aplicable MiCA o en su lugar DLTR, sino que también revestirá importancia para conocer los exactos requisitos que deberán cumplirse respecto de su emisión y posterior admisión a negociación.

BIBLIOGRAFÍA

Alfaro Águila-Real, J. (1998). «Cláusulas abusivas, cláusulas predispuestas y condiciones generales», Anuario Jurídico de La Rioja, núm. 4.

— (2017). «De nuevo sobre la STJUE de 26 de enero de 2017. El análisis de Cámara confirma que el TJUE ha perdido el norte», almacén de derecho.

Allen, J. G. / Rauchs, M. / Blandin, AP. / Bear, K. (2020). «Legal and regulatory considerations for digital assets», University of Cambridge.

Álvarez caperochipi, J. A. (1986). Curso de Derechos reales, tomo I, Civitas, Madrid.

Andreesen, M. (2014). «Why Bitcoin Matters», N.Y. Times: Dealbook, enero. Disponible en: https://dealbook.nytimes.com/2014/01/21/why-bitcoin-matters/ (fecha de consulta: enero de 2025).

Argelich Comelles, C (2021). «Hacia una smart property inmobiliaria: tokenización, internet of things y blockchainización registral», Dereito: Revista xurídica Da Universidade De Santiago De Compostela, 30(1), p. 12. Disponible en: https://doi.org/10.15304/dereito.30.1.7115 (fecha de consulta: enero de 2025).

— (2022). «La transmisión digital de la propiedad mediante su adquisición derivativa en las plataformas blockchain» en García Goldar, M. / Núñez Cerviño, J. (Dirs.), El Derecho ante la tecnología: innovación y adaptación, Colex, Madrid.

Arrieta sevilla, L. J. (2023). «El uso de tokens en transmisiones inmobiliarias», Revista de Derecho Civil, junio.

Arruñada, B. (2018). «Blockchain's Struggle to Deliver Impersonal Exchange», Minnesota Journal of Law, Science & Technology, vol. 19, núm. 1, p. 86. Disponible en: https://scholarship.law.umn.edu/cgi/viewcontent.cgi?article=1438&context=mjlst (fecha de consulta: enero de 2025).

Beck, R. / Müller-Bloch, C. (2017). «Blockchain as Radical Innovation: A

Framework for Engaging with Distributed Ledgers as Incumbent Organization», Proceedings of the 50th Hawaii International Conference on System Sciences, pp. 5390-5399. Disponible en: https://scholarspace.manoa.hawaii.edu/bitstream/10125/41815/paper0666.pdf (fecha de consulta: enero de 2025).

Boldó Roda, C. (2020). «Cadenas de bloques y Registros de derechos», Revista Aranzadi de Derecho y Nuevas Tecnologías», núm. 53.

Bonet Correa, J. (1980). «Artículo 1170», en Comentarios al Código Civil y Compilaciones Forales, Albadalejo, M., (Dir.), T. XVI, vol. I, Revista de Derecho Privado, Edersa, Madrid.

Brun, X. / Elvira, O. / Puig, X. (2008). Mercado de renta variable y mercado de divisas, Profit, Bresca editorial, Barcelona.

Buckley, P. R. / Douglas, W. A. / Zetzsche, D. A. / Selga, E. (2020). «Special Feature: Techrisk», Singapore Journal of Legal Studies, marzo.

Camacho Clavijo, S. (2003). La prenda de valores anotados en cuenta: constitución y efectos, Tirant Lo Blanch, Valencia.

Cámara La Puente, S. (2016). «Control de cláusulas predispuestas en contratos entre empresarios», almacén de derecho. Disponible en http://almacendederecho.org/controlclausulas-predispuestas-contratos-empresarios/ (fecha de consulta: enero de 2025).

Carrasco Perera, A. (2017). «Control de validez de condiciones generales y cláusulas abusivas», en Derecho de Contratos, Aranzadi, Cizur Menor.

Casino, F. / Dasaklis, T.K. / Patsakis, C. (2019). «A systematic literature review of blockchain-based applications: current status, classification and open issues», Telemat. Informatics., núm. 36, pp. 55-81. Disponible en: 10.1016/j.tele.2018.11.006 (fecha de consulta: enero de 2025).

Cortés García, E. (2002). La desmaterializacóin de los títulos-valores, Lex Nova, Valladolid.

Crosby, M. / Nachiappan / Pattanayak, P. / Verma, S. / Kalyanaraman, V. (2016), «Blockchain technology: Beyond Bitcoin», Applied innovation review, núm. 2, junio, p. 8. Disponible en: http://scet.berkeley.edu/wp-content/uploads/AIR-2016-Blockchain.pdf (fecha de consulta: enero de 2025).

Díez-picazo, L. (1986). Las relaciones jurídico-reales. El Registro de la Propiedad. La posesión» en Fundamentos del Derecho Civil Patrimonial, Libro V, «, Tecnos, Madrid.

— (2008). Fundamentos del Derecho Civil Patrimonial, T. VI, vol. II, Relaciones Obligatorias, 6.ª ed., Civitas, Madrid.

Echebarría Sáenz, M. (2017). «Contratos electrónicos autoejecutables (Smart Contracts) y pagos con tecnología Blockchain», Revista de Estudios Europeos, núm. 70, julio-diciembre, Monográfico-Economía colaborativa.

— (2018). «Smart contracts y problemas jurídicos de los pagos con tecnologías blockchain» en Derecho Mercantil y Tecnología, Madrid Parra, A., (Dir.) y Blanco Sánchez, M.ª J., (Coord.), Aranzadi, Cizur Menor.

Fairfield, J.A.T. (2017). «Smart Contracts, Bitcoin Bots, and Consumer Protection», Washington and Lee Law Review Online, vol. 17, Issue 2, pp. 36-37.

Disponible en: https://scholarlycommons.law.wlu.edu/cgi/viewcontent.cgi?article=1003&context=wlulr-online (fecha de consulta: enero de 2025).

FILLMANN, A. (2020). «German Law Aspects of Crypto Assets», The National Law Review, 2 de abril. Disponible en: https://www.natlawreview.com/article/german-law-aspects-crypto-assets#-google_vignette (fecha de consulta: enero de 2025).

FINANCIAL ACTION TASK FORCE (FATF). (2014). «Virtual Currencies Key Definitions and Potential AML/CFT Risks», junio, p. 4. Disponible en: https://www.fatf-gafi.org/media/fatf/documents/reports/Virtual-currency-key-definitions-and-potential-aml-cft-risks.pdf (fecha de consulta: enero de 2025).

GARCÍA TERUEL, R. M.ª / SIMÓN MORENO, H. (2021). «The digital tokenization of property rights. A comparative perspective», Computer Law & Security Review 41(Iss. 2).

GARZIK, J. / BITFURI GROUP. (2015). Public vs. Private Blockchain, White paper (version 1.0.), octubre, p. 2. Disponible en: https://bitfury.com/content/downloads/public-vs-private-pt1-1.pdf (fecha de consulta: enero de 2025).

GETE-ALONSO y CALERA, M.ª C. (1979). Estructura y función del tipo contractual, Bosch, Barcelona.

GONZÁLEZ-MENESES, M. (2017). Entender blockchain. Una introducción a la tecnología de registro distribuido, Thomson Reuters Aranzadi, Cizur Menor.

GRINBERG, R. (2012). «Bitcoin: An innovative Alternative digital currency», Hastings Science and Technology Law Journal, vol. 4, núm. 1, octubre, p. 167. Disponible en:https://repository.uchastings.edu/cgi/viewcontent.cgi?article=1063&context=hastings_science_technology_law_journal (fecha de consulta: enero de 2025).

GURREA-MARTÍNEZ, A. / REMOLINA, N. (2018). «The Law and Finance of Initial Coin Offerings» en BRUMER, C. (ed.), Legal, Regulatory and Monetary Perspectives, Instituto Iberoamericano de Derecho y Finanzas, Working Paper Series 4/2018. Disponible en: https://papers.ssrn.com/sol3/papers.cfm?abstract_id=3182261 (fecha de consulta: enero de 2025).

HACKER, P. / THOMALE, C. (2018). «Crypto-Securities Regulation: ICOs, Token Sales and Cryptocurrencies under EU Financial Law», European Company and Financial Law Review, núm. 15.

IBÁÑEZ JIMÉNEZ, J. (2018). Derecho de blockchain y de la tecnología de registros distribuido, 1.ª ed., Cizur Menor, Aranzadi.

— (2021). Tokens Valor (Security Tokens). Régimen de los criptoactivos negociables y sus mercados (MICAs), Editorial Reus, Madrid.

ILLESCAS ORTIZ, R. (2018). Electronificación de los títulos valores, 2.ª ed., Aranzadi, Cizur Menor.

KAPLANOV, N. M. (2012). «Nerdy Money: Bitcoin, the Private Digital Currency, and the Case Against its Regulation», Loyola Consumer Law Review, vol. 25, Issue 1. Disponible en: https://lawecommons.luc.edu/cgi/viewcontent.cgi?article=1920&context=lclr (fecha de consulta: enero de 2025).

King, S. / Nadal, S. (2012). «PPCoin: Peer-to-Peer Crypto-Currency with Proof-of-Stake», agosto. Disponible en: https://decred.org/research/king2012.pdf (fecha de consulta: enero de 2025).

Knapp, F. G. (1905). *Staatliche Theori des Geldes*, Leipzig.

Konashevych, O. (2020). «Constraints and benefits of the blockchain use for real estate and property rights», Journal of property, planning and environmental law, vol. 12, núm. 2.

Lacruz Berdejo, J.L. (1988). *Elementos de Derecho Civil II, Derecho de Obligaciones*, 2.ª ed., Bosch, Barcelona.

Larreina, M., Gómez, A. / Pertusa Santos, A. (2017). «El «Blockchain» y los nuevos sistemas digitales de pago [vídeo]». Manager Focus, Conversaciones. Recuperado de: https://www.managerfocus.com/webinar/el-blockchain-y-los-nuevos-sistemas-digitales-de-pago/ (fecha de consulta: enero de 2025).

Legerén-Molina, A. (2018). «Los contratos inteligentes en España. La disciplina de los Smart contracts». Revista de Derecho Civil, vol. V., núm. 2, abril, junio.

— (2019). «Retos jurídicos que plantea la tecnología de la cadena de bloques. Aspectos legales de blockchain», Revista de Derecho Civil, vol. 6, núm. 1, enero-marzo.

Leonard, T. (2017) «White paper, Blockchain for Transportation», A Trimble Company, p. 3. Disponible en: http://logisticsandfintech.com/wp-content/uploads/2017/11/TMW-White-paper-Blockchain-for-transportation-LaF-Nov-2017.pdf (fecha de consulta: enero de 2025).

Lessig, L. (2000). «Code is Law. On liberty in ciberspace», Harvard Magazine, enero. Disponible en: https://www.harvardmagazine.com/2000/01/code-is-law-html (fecha de consulta: enero de 2025).

López Rodríguez, A. M. (2021). «Ley aplicable a los smart contracts y lex cryptographia», Cuadernos de Derecho Transnacional, vol. 13, núm. 1.

López Sánchez, M. A. (2021). «Smart contracts» en *Tratado de Derecho digital*. Valpuesta Gastaminza, E. M. / Hernández Peña, J. C. (Coords.), Wolters Kluwer-La Ley, versión digital La Ley.

Lucking, D. / Aravind, V. (2020). «Cryptocurrency as a Commodity: The CFTC's Regulatory Framework», Allen & Overy, 2.ª ed., GLI – Fintech.

Madrid Parra, A. (2018). «Dinero electrónico revisitado» en *Derecho mercantil y tecnología*, Blanco Sánchez M.ª J., (Coord.), Aranzadi, Cizur Menor.

Madrid Parra, A. / Pastor Sempere, M.ª C. (Dirs.) / Blanco Sánchez, M.ª J. / Cediel, A. (Coords.). (2021). *Guía de Criptoactivos MICA*, Aranzadi, Cizur Menor.

Marín López, J. M. (2013). «La «voluntad virtual» del consumidor, ¿un nuevo test para determinar la abusividad de una cláusula no negociada en contratos con consumidores?» (STJUE de 14 de marzo de 2013, asunto C-415/11) Revista CESCO de Derecho de Consumo, núm. 5/2013.

Martínez Álvarez, J. A. / Calvo González, J. L. (2009). *Banca y mercados financieros*, 2.ª ed., Tirant Lo Blanch, Valencia.

MARTÍNEZ-ECHEVARRÍA GARCÍA Dueñas, A. (1997). *Valores Mobiliarios Anotados en Cuenta. Concepto, Naturaleza y Régimen Jurídico*, Aranzadi, Cizur Menor.

MATEO HERNÁNDEZ, J. L. (2005). *Dinero electrónico en internet. Aspectos técnicos y jurídicos*, Comares, Granada.

MATO PACÍN, M.ª N. (2017). *Cláusulas abusivas y el empresario adherente*, publicado en Boletín Oficial del Estado, Madrid.

MENÉNDEZ y MENÉNDEZ, A. / DIEZ-PICAZO y PONCE DE LEÓN, L. (Dir.), *Comentarios a la Ley sobre condiciones generales de la contratación*, Civitas, Madrid, 2002.

MIQUEL GONZÁLEZ, J. M. (2011). «Comentario al art. 83 TRLGDCU» en *Comentario a las Normas de Protección de los Consumidores* (Dir.) CÁMARA LA PUENTE, S., Colex, Madrid.

MIRAS MARÍN, N. (2019). «La determinación de la naturaleza jurídica del bitcoin a la luz de la reciente sentencia 326/2019 del Tribunal Supremo», Revista Aranzadi de Derecho y Nuevas Tecnologías, núm. 51.

MOISES BARRIO, A. (2021). *Criptoactivos. Retos y desafíos normativos*, La Ley-Wolters Kluwer, Madrid.

MOUGAYAR, W. (2016). *The Business Blockchain: Promise, Practice, and Application of the Next Internet Technology*, Nueva Jersey, Wiley.

— (2017). «Tokenomics – A Business Guide to Token Usage, Utility and Value», junio, Startup Management. Disponible en: http://startupmanagement. org/2017/06/10/tokenomics-a-business-guide-to-token-usage-utility-and-value/ (fecha de consulta: enero de 2025).

MUÑOZ PÉREZ, A. F. (Dir.) / DE LA ORDEN DE LA CRUZ, C. / MARTÍNEZ LABURTA, C. (Coord.). (2019). *Revolución Digital, Derecho Mercantil y Token economía*, Tecnos, Madrid.

NADAL GÓMEZ, I. (2021). «Ejecución forzosa y blockchain. Panorámica general con especial atención a las monedas virtuales», Revista Jurídica del Notariado, ISSN 1132-0044, núm. 112.

NAVAS NAVARRO, S. (2015). «Un mercado financiero floreciente: el del dinero virtual no regulado» Revista CESCO de Derecho de Consumo, núm. 13/2015.

PACHECO JIMÉNEZ, M.ª N. (2015). «Bitcoin: su comportamiento como medio de pago alternativo a los medios legales de pago», Revista CESCO, diciembre.

— (2019). «De la tecnología blockchain a la economía del token», Revista de la Facultad de Derecho (PUCP), núm. 83.

PASTOR SEMPERE, M.ª C (2003). *Dinero electrónico*, Cuadernos mercantiles, Edersa, Madrid.

— (2017). «Criptodivisas: ¿una disrupción jurídica en la eurozona?», Revista de Estudios Europeos, núm. 70, julio-diciembre, p. 287. Disponible en: http://www.reeuva.es/ (fecha de consulta: enero de 2025).

— (2018). «Dinero electrónico y criptodivisas: concepto, marco legal, y nuevas funcionalidades» en *Derecho Mercantil y Tecnología*, BLANCO SÁNCHEZ, M.ª J., (coord.) y MADRID PARRA, A. (Dir.), Dykinson, pp. 304-305.

— (2021). «StableCoins y dinero electrónico como servicio de circuito cerrado» Revista de Derecho del Sistema Financiero núm. 2/2021 parte Artículos Doctrinales, Aranzadi, Cizur Menor.

Paz-Ares, C. (1995). «La desincorporación de los títulos-valor (El marco conceptual de las anotaciones en cuenta)», *El nuevo mercado de valores*, Colegios Notariales de España, Madrid.

Preukschat, A. (Coord.) (2000). *Blockchain: la revolución industrial de Internet*, 2017, Gestión, Madrid.

Ranskin, M. (2017). «The Law and Legality of Smart Contracts», Georgetown Law Technology Review, p. 309. Disponible en: http://dx.doi.org/10.2139/ssrn.2842258 (fecha de consulta: enero de 2025).

Rirsch R. / Tomanek, S. (2018). «Crypto-assets: Commodities under European financial markets law?», noviembre, Journal of Financial Compliance, vol. 2, núm. 3.

Rodríguez-Rosado, B. (2021). «Causa, traditio e inscripción», en *Tratado de Derecho inmobiliario registral*, Del Rey Barba, S. / Espejo Lerdo De Tejada, M. (Dir.), tomo I, Tirant lo Blanch, Valencia.

Rosenwald, M. S. (2010). «In the virtual World, Making Actual Millions; Online Entrepreneurs Meet Avatars' Needs as Well as Their Own», The Washington Post, marzo, *apud.*, Middlebrook, S.T. / Hughes, S.J. (2014). «Regulating Cryptocurrencies in the United States: Current Issues and Future Directives», 40 Wm. Mitchell L. Rev., p. 821. Disponible en: https://www.repository.law.indiana.edu/cgi/viewcontent.cgi?article=3095&context=facpub (fecha de consulta: enero de 2025).

Rothchild, J.A. (2016). *Research Handbook on Electronic Commerce Law*, Edward Elgar Publishing, septiembre.

Sánchez Ruiz De Valdivia, I. (Dir.). (2020). *Blockchain: impacto en los sistemas financiero, notarial, registral y judicial*, Aranzadi, Cizur Menor.

Schär, F. (2020). «Decentralized Finance: On Blockchain- and Smart Contract-based Financial Markets», marzo, pp. 1-24. Disponible en: http://dx.doi.org/10.2139/ssrn.3571335 (fecha de consulta: enero de 2025).

Scheibe, A. / Evans, J. (2021). «A Flurry of CFTC Actions Shock the Cryptocurrency Industry», McDermott Will & Emery, octubre. Disponible en: https://www.jdsupra.com/legalnews/a-flurry-of-cftc-actions-shock-the-5076708/ (fecha de consulta: enero de 2025).

Serra rodríguez, A. (2021). «Los smart contracts en el Derecho contractual», Revista Aranzadi de Derecho y Nuevas Tecnologías, núm. 56.

Sieira gil, J. / Gómez-Acebo campuzano, J. (2019). «Blockchain, tokenización de activos inmobiliarios y su protección registral», Revista Crítica de Derecho Inmobiliario, año núm. 95, núm. 775.

— (2021). «Tokenización de activos físicos: tokens inmobiliarios y mobiliarios» en *Perspectiva legal y económica del fenómeno FinTech*, Cuena Casas, M. / Ibáñez Jiménez, J. (Dir.), Wolters Kluwer- La Ley, septiembre, versión digital.

Simón Moreno, H. (2020). «La adquisición, transmisión y extinción de los derechos reales «tokenizados»», en García Teruel, R. M.ª (Coord.), *La tokenización de bienes en blockchain*, Aranzadi, Cizur Menor.

TAKASHI, D. (2010). «How Facebook plans to fuel app economy with Facebook with Facebook Credits», Venturebeat, abril. Disponible en: https://venturebeat.com/2010/04/21/how-facebook-plans-to-fuel-the-app-economy-with-facebook-credits/ (fecha de consulta: enero de 2025).

TAPIA HERMIDA, A. (2023). «DORA. La Ley europea de resiliencia operativa digital del sector financiero. Reglamento (UE) 2022/2554». La Ley Unión Europea, núm. 113, abril.

— (2023). «Los 20 principios básicos de la ley europea de resiliencia Operativa Digital del Sector Financiero (DORA)», La Ley, núm. 10262, Sección Tribuna, 5 de abril.

TAPSCOTT, A. / TAPSCOTT, D. (2016). «Blockchain revolution: how the technology behind bitcoin is changing money, business, and the world», Penguin Random House, pp. 17-20 y 60-61.

THOMAS, R. (2017). «Blockchain's incompatibility for use as a land registry: issues of definition, feasibility and risk», European Property Law Journal.

TREVOR, I. K. (2015). «Beyond Bitcoin: Issues in Regulating Blockchain Transactions», Duke Law Journal, vol. 65, núm. 3, p. 577. Disponible en: https://scholarship.law.duke.edu/cgi/viewcontent.cgi?article=3827&context=dlj (fecha de consulta: enero de 2025).

URÍA FERNÁNDEZ, F. (2021). «El ámbito objetivo de aplicación de la normativa sobre mercado de valores: del valor negociable a los instrumentos financieros. El problema regulatorio de los criptoactivos» en *La regulación del mercado de valores y de las Instituciones de Inversión Colectiva*, Wolters Klewer-La Ley, Madrid.

VILALTA NICUESA, A. E. (2019). *Smart legal contracts y blockchain. La contratación inteligente a través de la tecnología blockchain*, Wolters Kluwer-La Ley, Madrid.

ZETZSCHE, D. A. / ANNUNZIATA, F. / ARNER, D. W. / BUCKLEY, R. P. (2020). «The Markets in Crypto-Assets Regulation (MICA) and the EU Digital Finance Strategy», EBI Working Paper Series, núm. 77.

JURISPRUDENCIA

STJUE asunto Weber & Putz 16.06. 2011 (C-65/09).
STJUE de 16.02.2012 (asunto C-134/11).
STJUE (Sala 5.ª) de 12.06.2014 (TJCE\2014\204).
STJUE de 10.12.2020 (Personal Exchange International, C-774/2019).
STS (Sala 1.ª) núm. 285/2023, de fecha 22 de febrero.
STS (Sala 1.ª) de 26.06.2008 (RJ 3301; FJ 2).
STS (Sala 1.ª) de 15.04.2014 (RJ\2014\3122).
STS (Sala 1.ª) de 30.04.2015 (RJ\2015\2019).
STS (Sala 1.ª) de 03.06.2016 (RJ\2016\2306).
STS (Sala 1.ª) de 20.09.2017 (RJ\2017\4039).
STS (Sala 1.ª) de 15.11.2023.
SAP de Álava (Sección 2.ª) Sentencia 4/2021 de 15.01.2021 (Rec. 28/2020).
SAP de Murcia de 14.07.2020 (JUR 264175).

EEUU:

CFTC v. McDonnell, *et al.*, 287 F. Supp. 3d 213, 228 (E.D.N.Y. Mar. 6, 2018).
CFTC v. McDonnell, *et al.*, No. 18-cv-461, ECF No. 172 (E.D.N.Y. Aug. 23, 2018).
CFTC v. HDR Global Trading Limited (No. 20-cv-8132, ECF 1, ¶ 23).
I.B. v. Facebook, Inc. Case No. 12–cv–01894–BLF.
SEC v s. Shavers et al, Tribunal de Distrito de los Estados Unidos, Distrito Este de
    Texas, No. 13-00416, 6 de agosto de 2013. Disponible en: https://it.scribd.com/
    document/158943320 (fecha de consulta: enero de 2025).
Seiler/Seiler 2018: 149 et seq.; Graham-Siegenthaler/Furrer 2017: margin no. 69;
    HauserSpühler/Meisser 2018: 9.

OTROS MATERIALES

ACADEMY BINANCE (2020). «Merkle Trees and Merkle Roots Explained». Disponible: https://academy.binance.com/en/articles/merkle-trees-and-merkle-roots-explained (fecha de consulta: enero de 2025).

— (2021). «Guía sobre tendermint». Disponible en: https://academy.binance.com/es/articles/tendermint-explained (fecha de consulta: enero de 2025).

— (2021). «Beyer Introduces New Legislation To Regulate Digital Assets», Press Release, Washington, 28 de junio de 2021. Disponible en: https://beyer.house.gov/news/documentsingle.aspx?DocumentID=5307 (fecha de consulta: enero de 2025).

BAILEY REUTZEL. (2013). «Amazon Advances in Virtual Money Battle While Facebook Retreats», AM. BANKER, febrero. Disponible en: https://www.americanbanker.com/payments/news/while-facebook-retreats-amazon-advances-in-virtual-money-battle (fecha de consulta: enero de 2025).

BANCO CENTRAL EUROPEO. (2012). *Virtual Currency Schemes.*

BCE. (2012). *Virtual Currency Schemes.*

BYBIT LEARN. (2021). «Utility Tokens vs. Security Tokens», abril. Disponible en: https://learn.bybit.com/crypto/utility-tokens-vs-security-tokens/ (fecha de consulta: enero de 2025).

BIT2ME. «Bit2Me, primera plataforma de criptomonedas del mundo reconocida por el Banco de España», Blog de Bit2Me, 17 febrero de 2022. Disponible en: https://blog.bit2me.com/es/bit2me-primera-plataforma-de-criptomonedas-del-mundo-reconocida-por-el-banco-de-espana/ (fecha de consulta: enero de 2025).

BUTTERIN, V. (2017). «The meaning of decentralization», febrero. Disponible en: https://medium.com/@VitalikButerin/the-meaning-of-decentralization-a0c92b76a274 (fecha de consulta: enero de 2025).

CFTC. (2017). «CFTC Statement on Self-Certification of Bitcoin Products by CME, CFE and Cantor Exchange» diciembre, Washington D.C. Disponible en: https://www.cftc.gov/PressRoom/PressReleases/7654-17 (fecha de consulta: enero de 2025).

Committee On Payments And Market Infrastructures (CPMI) (2017). «Distributed ledger technology in payment, clearing and settlement», CPMI, febrero. Disponible en: https://www.bis.org/cpmi/publ/d157.pdf (fecha de consulta: enero de 2025).

Consejo De La UE. (2022). «Finanzas digitales: el Consejo adopta el Reglamento sobre la resiliencia operativa digital», 28 de noviembre. Disponible en: https://www.consilium.europa.eu/es/press/press-releases/2022/11/28/digital-finance-council-adopts-digital-operational-resilience-act/ (fecha de consulta: enero de 2025).

ESMA «Advice on Initial Coin Offerings and Crypto-Assets». ESMA50-157-1391.

European Banking Authority (EBA). (2019). «Report with advice for the European Commission on crypto-assets».

Federal Council Report. (2018). «Legal framework for distributed ledger technology and blockchain in Switzerland An overview with a focus on the financial sector», Bern, 14 de diciembre. Disponible en: https://www.newsd.admin.ch/newsd/message/attachments/55153.pdf (fecha de consulta: enero de 2025).

Financial Stability Board. (2018). «Crypto-asset markets, Potential channels for future financial stability implications. Glosario», octubre. Disponible en http://www.fsb.org/wp-content/uploads/P101018.pdf (fecha de consulta: enero de 2025).

GAFI «International Standards on Combating Money Laundering and the Financing of Terrorism & Proliferation» (2012). París, Francia.

ICAC «Sobre el tratamiento contable de la emisión de criptomonedas», BOICAC núm. 120/2019, Consulta 4.

Nakamoto, S. (2009). «Bitcoin: un sistema de dinero en efectivo electrónico peer-to-peer». Disponible en: www.bitcoin.org (fecha de consulta: enero de 2025).

Observatorio y foro de la UE sobre blockchain. (2018). «Legal and regulatory framework of blockchains and Smart contracts», EU Blockchain Observatory and Forum.

OCDE. (2020). «The Tokenization of Assets and Potential Implications for Financial Markets», de 17 de enero de 2020.

Organización Para La Economía, Cooperación Y Desarrollo (OECD), «The role of Internet Intermediaries in Advancing Public Policy Objetives», 2011. Disponible en: https://www.oecd-ilibrary.org/science-and-technology/the-role-of-internet-intermediaries-in-advancing-public-policy-objectives_9789264115644-en (fecha de consulta: enero de 2025).

Peterson, T. (2012). «Facebook gives up on Facebook Credits» ADWEEK, junio. Disponible en: https://www.adweek.com/performance-marketing/facebook-gives-facebook-credits-141237/ (fecha de consulta: enero de 2025).

SALEILLES, R., De la déclaration de volonté. Contribution à l'étude de l'acte
juridique dans le code civil allemand,
L. Larouse, París, 1902, vol. 26.

SECURITIES AND MARKETS STAKEHOL-
DER GROUP. (2018). «Advice to ESMA
Own Initiative Report on Initial Coin
Offerings and Crypto-Assets», 18 de
octubre. Disponible en: https://www.
esma.europa.eu/sites/default/files/li-
brary/esma22-106-1338_smsg_advi-
ce_-_report_on_icos_and_crypto-assets.
pdf (fecha de consulta: enero de 2025).

SHERIDAN, B. (2011). *Bitcoins: Currency of
the Geeks*, Bloomberg Businessweek, junio. Disponible en: https://www.bloom-
berg.com/news/articles/2011-06-16/
bitcoins-currency-of-the-geeks (fecha
de consulta: enero de 2025).

STARK, J. (2016). «Making sense of blockchain smart contracts», Coindesk, 4
de junio. Disponible en: https://www.
coindesk.com/markets/2016/06/04/ma-
king-sense-of-blockchain-smart-con-
tracts/ (fecha de consulta: enero de 2025).

SWISS FINANCIAL MARKET SUPERVISORY
AUTHORITY (FINMA). (2018). «FIN-
MA publishes ICO Guidelines», octubre. Disponible en: https://www.finma.
ch/en/news/2018/02/20180216-mm-
ico-wegleitung/ (fecha de consulta:
enero de 2025).

SZABO, N. (1994). *Smart Contracts*. Disponible en: http://szabo.best.vwh.net/
smart.contracts.html (fecha de consulta: enero de 2025).

— (1995). *Smart Contracts Glosary*. Disponible en: http://szabo.best.vwh.net/
smart_contracts_glossary.html (fecha
de consulta: enero de 2025).

UNIDROIT. (2020). «Exploratory work on
legal issues related to the digital economy – reports of events», A/CN.9/
LIII/INF/2, julio.

UNCINTRAL / UNIDROIT. (2019). «Summary report of the Discussion and
Conclusions», Roma, 7 de mayo.

DIRECCIONES ELECTRÓNICAS

https://academy.binance.com/es/articles/
tendermint-explained (fecha de consulta: enero de 2025).

https://developers.facebook.com/blog/
post/2012/06/19/introducing- subs-
criptions-and-local-currency-pricing/
(fecha de consulta: enero de 2025).

https://www.ethereum.org/) (fecha de
consulta: enero de 2025).

https://etherisc.com (fecha de consulta:
enero de 2025).

https://www.everledger.io (fecha de consulta: enero de 2025).

https://www.evernym.com (fecha de consulta: enero de 2025).